인에이블러(Enabler)

—

선한 의도를 앞세워 타인의 책임을 대신 떠맡으며

상대가 홀로 설 수 없게끔 관계를 조장하는 사람.

결국 상대는 점점 무능력해지고 자존감이 낮아진다.

인에이블러는 희생하고 헌신하는 행동을 기꺼이 자처하지만

사실 그 마음 깊은 곳에는 '불안'이 자리 잡고 있다.

인에이블러

사랑한다면서
망치는 사람

The
Enabler

앤절린 밀러 지음 • 이미애 옮김

홀로서기를 위한 관계의 심리학

—

내 잘못에도 불구하고
경이롭게 성장하고 발전한 내 가족에게
이 책을 바친다.

—

"세상에서 가장 중요한 일은
자립하는 법을 배우는 것이다."

미셸 에켐 드 몽테뉴

차례

억제하지 못할 때면

나는

　네 신발을 집어주고

　　네 배낭을 져 나르고

　　　네 교통 위반 벌금을 납부하고

　　　　네 상사에게 거짓말로 핑계 대고

　　　　네 숙제를 해주고

　　　　　네 앞길에서 돌멩이를 치우고

"내가 직접 했어!"라고 말하는 기쁨을

네게서 뺏겠지

누구에게나 삶을 살아가는
각자의 길이 있다

가끔 좋은 책을 만나면 한 쪽씩 아껴가며 읽고 싶어진다. 이 책은 유난히도 그랬다.

분량은 많지 않으나 내용이 결코 가볍거나 짧지 않아서 마지막 책장을 덮을 때쯤 길고 고된 여행을 마친 뒤에 경험할 만한 진한 감동과 성취감을 동시에 느낄 수 있었다. 그와 동시에 내 머릿속에는 이 책을 읽어야 할 너무도 많은 사람이 떠올랐다.

이 책은 한때 인에이블러(조장자), 즉 누군가를 도와주고 있다고 본인은 생각하지만 실제로는 자신에게 의존하게 함으로써 의존자가 자율적으로 삶의 과업을 수행하여 성장할 수 있는 기회들을 박탈하는 사람이었던 저자의 자기 고백서이자 또 다른 인에이블러들을 위한 지침서다. 심각한 인에이블러였던 저자는 조장 행위에 대한 통찰을 얻고 변화하는 고된 과정을 매우 진솔하고 구체적으로 기술하고 있다.

조장자를 뜻하는 '인에이블러'라는 단어가 생경하겠지만, 우리는 이미 오래전부터 누군가의 인에이블러임과 동시에 누군가의 의존자로 살아가는 데 익숙해져 있다. 저자의 표현처럼 인에이블러들은 종종 지혜롭고 판단력이 뛰어난 사람으로 평가받고는 하며, 그들의 행위는 사랑, 헌신, 봉사 등과 같은 것으로 위장된다. 그들은 남들이 자신을 필요로 하는 자리에 있기 위해 자기 삶의 상황을 조종하며, 경우에 따라서는 의존자를 계속 허약하고 무기력한 사람으로 취급해서 자신의 곁에서 떠나지 못하게 만든다. 결국 의존자는 자기 삶의 주인으로서 당당하게 자립할 힘을 잃고 인에이블러의 부수물로 살아간다.

나는 "다리를 쓸 수 없게 된 사람은 휠체어를 사용하는 방법을 익혀야 한다. 장애가 자신의 가능성을 발전시키지 않을 타당한 이유가 되지는 않기 때문이다"라는 저자의 말에 적극적으로 동감한다. 그의 말처럼 지속적인 우울 증세에 시달리는 사람들은 계속 절망을 느낄 수 있지만, 침대에 누워 있을지 말지는 그들의 선택이다. 모든 것은 그들의 문제이고, 그 문제에 대한 해결책을 모색해야 하는 사람들 역시 바로 그들 자신이다. 그러나 인에이블러는 기꺼이 다리가 되어주고 침대에 누워만 있도록 허락함으로써 누군가의 삶을 망치고 그 대가로 헌신적인 사람이라는 명성을 얻는다.

　이런 맥락에서 보자면 인에이블러의 행위는 뮌하우젠 증후군Munchausen Syndrome과 다를 바가 없다. 이들은 헌신적이고 박애적인 사람이라는 찬사를 얻기 위해 자신의 주변 인물이나 반려동물을 의도적으로 병들게 만든 뒤 헌신적으로 돌본다. 가장 잘 알려진 뮌하우젠 증후군 환자는 스티븐 호킹 박사의 둘째 부인인 일레인이다. 물론 인에이블러가 뮌하우젠 증후군 환자처럼 상대에게 식염수나 세균을 주사하거나 계단에서 밀쳐 넘어뜨리는 등의 신체 학대를 행사하는 것은 아니다. 하지만 누군가의 심리적 건강을 저해하고 건강한 성장을 방해한다는 점에서 조장 행위는 뮌하우젠 증후군 못지않을 정도로 심각한 정서적 학대로 간주될 만하다.

저자는 알코올중독자들이 스스로를 무관심한 세상의 희생자라고 믿지만 실은 지나치게 보호하는 세상의 피해자라고 말한다. 저자의 견지에서는 아내를 샌드백 삼아 구타하는 남편에게 조장하는 아내는 매우 강인하고 용기 있는 여성이다. 거듭거듭 타박상을 입으면서도 구타를 당하러 돌아가는 여성은 강인해야 하기 때문이다. 구타를 당하려면 용기가 필요하다. 위험한 한밤중에 태만한 남편을 찾으러 여러 술집을 찾아다니는 데에도 용기가 필요하다. 마찬가지로, 다음 날 '남편이 감기에 걸렸다'고 남편의 상사에게 거짓말을 하는 일에도 용기가 필요하다. 하지만 저자는 그러한 용기를 남편의 악덕과 나약함을 부추기는 것이 아닌 자기 자신을 지키는 데 써야 한다고 강조한다.

나는 오늘도 자식을 위해 각고의 노력을 마다하지 않는 몇몇 부모를 만났다. 그들은 자신을 쏙 빼닮은 아이가 혹여나 자신과 같은 실수를 저지르지는 않을까 전전긍긍하고 노심초사한다. 그리고 곤란의 대물림을 막겠다는 결연한 의지로 아이가 나아갈 길을 정해놓고 그 길로만 가라고 요구한다. 아이가 요구에 따르지 않는 경우 아이를 책망하거나 협박하며, 교묘한 조종 행위를 통해 결국에는 아이를 부모가 정한 길로 갈 수밖에 없게 만든다. 그 과정에서 아이는 부모의 삶을 대신 살아주는 부수물로 전락하며, 최종적으로 부모는 자신이 그토록 대물림하고 싶지 않았던 '곤란'을 기어이 듬뿍 전수하게 된다.

인에이블러와 의존자의 관계는 비단 부모와 자녀 간 관계에만 국한되지 않는다. 상담 현장에서는 알코올 의존증 부모나 가정 폭력을 휘두르는 아버지가 싫어서 그런 성향이 전혀 없는 사람이라고 생각해 선택한 연인이나 배우자가 종래에는 부모와 비슷한 문제 행동을 보여 고통스러워하는 내담자를 자주 만날 수 있다. 이것이 단지 누군가의 불운 탓일까? 그렇지 않다. 학대의 환경에서, 생존을 위해 고군분투하는 과정에서, 자기 보호를 위해 습득한 행동 레퍼토리와 스키마schema가 새로운 대상을 만났음에도 불구하고 계속 작동했기 때문이다. 이들은 자신도 모르게 인에이블러의 역할을 떠맡으며 상대방을 의존자로 만들기 쉽다. 자신이 생존을 위해 과거에 그랬던 것처럼.

각 개인의 길은 고유하다. 각자가 맞닥뜨린 난제와 골칫거리는 자신의 길을 걸어가는 데 필요한 정보를 제공해 준다. 그 길을 가는 이에게 어쩌면 인에이블러일지도 모르는 누군가의 도움은 그들의 길을 가로막는 데 쓰일 뿐이다. 그들을 위해 장애물을 없애려고 노력함으로써 그들이 스스로 인생을 개척하지 못하도록 방해하기 때문이다. 이런 식의 도움은 그들로부터 성장과 숙달에서 비롯되는 기쁨과 자부심을 빼앗을 수 있다.

하지만 단지 머리로 '내가 누군가를 조장하고 있어'라고 생각하는 것만으로 인에이블러의 역할에서 벗어나기는 쉽지 않다. 인에이블러와 의존자 모두 자신의 비극적 드라마를 지나치게 즐기다 보면 역기능적인 조장과 의존 역할을 포기하지 못할 수 있다. 이에 대해 저자는 우리가 온 인생을 단번에 살아야 하는 것이 아님을, 그러니 자신처럼 일단 어떤 방식으로 살아가고 싶은지 결정을 내린 뒤 하루씩 씨름하며 연습할 것을 강조한다.

그뿐만 아니라, 책 후반부에서는 현실에서 적용 가능한 몇몇 훈련을 제안하고 있다. 나의 오랜 상담 경험의 견지에서도 이러한 훈련들은 매우 현실적인 도움을 줄 것이라 믿는다. 누군가를 사랑한다고 생각했지만 실은 망치는 존재, 인에이블러에게 필요한 것은 자기 인정이다. 혹시 자신이 인에이블러라 생각한다면 책 속의 저자가 안내하는 길로 따라가보길 바란다. 때로는 깊은 슬픔이 찾아오겠지만 그 길의 끝에는 분명, 희망이 있다.

김태경 | 서원대학교 상담심리학과 교수

역할의 몰입에서
한 걸음 물러나야 보이는 것들

사회적 인간은 충실히 자신의 역할을 수행하며 살아간다. 그 역할은 본인이 부여한 사명이기도 하고 타인이 지정해 준 업이기도 하나, 어떤 경우에는 자신에게 주어진 과중한 책임감과 의무감으로만 짊어지려 한다. 나 또한 그렇다. 하지만 사람과 사람 간의 건강한 연결에 있어서는 각자의 호흡과 상호 반응이 필수 불가결하다. 나의 모습이 오랜 시간 쌓여 성실히 준비된 모본일지라도 상대방과의 교류 없이는 서로 벽을 바라보고 있는 것과 다름없다.

이 책의 저자인 앤절린 밀러가 정성스레 빚은 이상적 페르소나는 기어이 주변 모두의 디딤을 흔들어놓는다. 자신이 단단한 장벽에 치받고 있음을 인정하며 변화를 시작한 밀러의 고백록은 과정이 쉽지 않았기에 시리고 처절하다. 어쩌면 이 이야기는 우리의 이야기일지도 모른다. 때로는 상대를 열심히 밀어가며 다루기도 하고, 또 어떨 때는 누군가를 끌어당겨 기대기도 하니, 피차 조장자이자 의존자인 셈이다.

　무너지기 전 균열을 자각했다면, 터질 듯 고여 있는 웅덩이에 물꼬를 터야 한다. 누구든지 자기 선택의 무게를 직접 느끼고, 그 하중을 감내하며 스스로 바탕을 일구어야 할 것이다. 책의 말대로, 내 것이 아닌 책임과 의무는 적법한 주인에게 돌아가야 한다. 사랑하는 소중한 관계일수록 더더욱. 이 책이 지난날을 고동으로 딛는 첫 발자국에 도움이 되었으면 한다.

신소율 | 배우, 『나를 만든 말』 저자

나를 바꾼 나의 고백

:

『인에이블러』를 처음 발표한 지 20년이 넘었다. 그 시간 동안, 이 글을 쓰도록 나를 이끌었던 사건들을 돌아보고 다시 검토해보았다.

이 책에는 아내이자 엄마로서 상호종속(co-dependency 보살핌을 필요로 하는 사람과 베푸는 사람 사이의 지나친 정서적 의존성—옮긴이)적인 가족 관계에서 비롯된 문제들로 몸부림친 나의 이야기와 이 상호 종속을 산산이 부숴버린 사건들이 실려 있다. 조장enabling 관계를 이해할 수 있도록 사건들을 재구성하여 기술했고 이름 및 시간과 공간의 구체적 사항은 바꾸어 썼다.

이 책을 쓰고 나서 내 삶의 많은 부분이 달라졌다. 아이들은 이제 모두 성인이 되었고, 몇몇은 자녀를 두었다. 책의 초판본이 출간된 직후, 나는 상담심리학 분야에서 석사 학위를 받으려고 대학으로 돌아갔다.

시간의 흐름에 힘입어 이제는 멀리 떨어져서 객관적으로, 그리고 전문적인 시각으로 젊은 시절의 경험을 되돌아볼 수 있다. 그렇다고 해도 자신의 인생을 주제로 삼을 때는 완전히 객관적이거나 완전히 전문적일 수는 없다.

이 책을 쓰면서 내 인생의 경로는 달라졌다. 극적으로 변했다기보다는 눈에 띄게 달라졌다. 이후 여러 해 동안 훈련을 거치면서 새로운 통찰을 이어갔고 생각을 더 가다듬게 되었다. 하지만 이 글을 쓰던 시절 경험한 모든 사건들은 이 책의 핵심으로 남아 있다.

문제는
나에게 있었다

인에이블러로서 힘겹게 여러 해를 지내는 동안, 나는 뭔가 잘못되었음을 알고 있었다. 삶은 내가 예상한 대로 풀리지 않았다. 살아가는 동안 남편과 아이들이 연달아 흔들리는 모습을 지켜보면서 처음에는 그 상황을 믿을 수 없었고, 나중에는 극심한 두려움에 사로잡혀 허둥거렸다.

남편 스탠과 결혼할 당시 우리는 함께 이루어나갈 미래에 대해 걱정하지 않았다. 나는 일류 대학에서 받은 인간 발달과 가족 관계 관련 학위가 있었다. 톰과 존, 니나와 버드를 낳았을 때도 엄마로서 내게 필요한 자질에 대해 걱정하지 않았다. 이미 자격증이 있는 초등학교 교사였고, 아이들에 대해 잘 알았기 때문이다.

나는 이상적인 아내이자 엄마가 되어야 마땅했고, 실제

로 그렇게 되리라 생각했다. 하지만 해가 갈수록 가정생활은 내가 배운 것이 별반 도움이 되지 않는 방향으로 전개되었다. 내 계획이나 상상과는 너무나 다른 길로 나아갔기 때문에 그 모든 상황을 이해하는 데 여러 해가 걸렸다.

그 시절의 나에 대해 가장 긍정적으로 평가할 수 있는 부분은 무언가 잘못되었다는 사실을 인식하고 있었다는 점이다. 그리고 내 가족들 사이에서, 늘 그렇듯이, 그 문제를 이해하고 도와줄 방편을 찾고자 노력한 사람도 나였다.

시도해보지 않은 것이 없었다. 상담을 받았고, 심신 통일 수련에 등록했고, 게슈탈트 워크숍(미국 게슈탈트 연구소에서 제공하는 프로그램으로 현대 사회의 복잡한 상호 관계 속에서 자의식을 일깨우고 타인의 관점을 수용하는 훈련―옮긴이)에 참석했고, 집단 감수성 훈련과 여성 지원 그룹에 가입했고, 자기주장 훈련을 받았고, 교류 분석과 신경 어학 프로그래밍에 관한 강의를 듣기도 했다. 그러면서 인격의 성장과 가족의 역학에 관해 믿을 수 없을 정도로 다양한 지식을 섭렵했다.

수많은 개념으로 잘 무장했다고 생각했는데, 비극적인

사건이 연달아 찾아오고 나서야 머릿속의 지식을 진정한 이해로 바꿀 수 있었다. 이 글은 그 사건들에 관한 이야기다. 내 가족이 왜 제대로 살아가지 못하는지를 쉽게 설명할 수 없어서 내가 느낀 좌절감에 대응하여 쓴 글이다.

내가 배운 수많은 이론과 기법은 서로 상충하기도 했는데, 결국 전체적인 상황을 더 모호하게 만들었다. 나는 우리 가족을 정확히 보고, 우리에게 무슨 일이 일어나고 있는지 이해하고 싶었다. 일관성 있는 해석, 즉 초점이 맞는 명확한 그림을 얻고 싶었다.

나는 가정주부가 되기 위한 훈련을 잘 받았다고 생각했고, 가족을 성공적으로 보살피는 것이 인생의 중요한 목적이라 여기는 여성들 사이에서 성장했기 때문에 내 가족이 겪는 고충을 맞닥뜨리고는 어리둥절했다. 그 고충이 대체로 남편 탓이라 생각했고, 아이들이 성장한 후에는 아이들 탓으로 돌렸다. 우리 가족의 고통을 일으킨 장본인이 나일 수 있다고는 한 번도 생각해보지 않았다.

마침내 어느 상담가가 미국의 심리학자이자 연구원인 재닛 게링거 워이티츠가 쓴 상호 종속과 알코올중독자의

문제는 나에게 있었다

성인 자녀에 관한 글을 소개해주었을 때, 비로소 나는 우리 가족의 역학 관계와 그 안에서 내가 해온 역할을 이해하기 시작했다. '조장enabling'이라는 개념을 통해 그때까지 찾아 헤매던 통찰력을 얻을 수 있었다. 그 후 나름의 여러 단계를 거쳐 이해력을 기르고 개인적 치료법을 고안하고 나서, 익명 금주 동맹(알코올중독자들이 서로의 경험을 공유하여 중독에서 벗어날 수 있도록 도와주는 국제적 단체―옮긴이)의 '12단계'와 알코올중독자 구제회가 제시한 보충 단계를 알게 되었다.

아버지가 알코올중독자였기에 나는 알코올을 절대 남용하지 않을 남성과 결혼하겠다고 결심했었다. 그래서 알코올중독자가 있는 가정에서 자라기는 했지만 알코올을 몹시 싫어하는 남성과 결혼했다. 물론 남편은 술을 마시지 않았지만 발작적으로 재발하는 불안증과 우울증을 겪어야 했다.

스탠과 결혼하고 그의 불안증과 우울증 증세가 처음 나타났을 때는 그저 환경의 변화 때문이라고 생각했다. 내가 쾌활하게 행동하고 잘 도와주고 협조하면 그가 행복과

안정감을 느끼게 되리라 믿었다. 아니면 그가 행복해지도록 내가 상황을 바꿀 수도 있으리라 생각했다. 그는 내 아버지가 주기적으로 술을 마시는 것과 마찬가지로 가끔 우울증에 빠져들었다.

내가 겪는 상호 종속의 패턴은 알코올중독자의 아내가 겪는 패턴과 동일했다. 아버지가 폭음에 빠질 때면 어머니는 모든 것을 제자리로 돌려놓으려고 허둥대며 다니셨다. 스탠이 우울증으로 발작할 때마다 나도 똑같았다. 전형적인 인에이블러와 알코올중독자의 관계 유형과 아주 비슷한 관계에 들어선 것이다.

마침내 내가 조장하는 아내, 즉 '인에이블러'임을 인식하게 되자, 나의 조장 행위가 남편에게만 국한된 것이 아니라는 사실도 알게 되었다. 그 버릇은 다른 친구들과 가족들에게도 스며들었고, 특히 내 아이들을 조장하고 있었다.

조장한다는 것은 내 예상보다 훨씬 흔한 일이고, 중독성 물질을 남용하는 경우에 국한되지 않는다는 것도 알게 되었다.

나와 같은 사람들은 아주 많았다.
다른 사람들의 책임을 대신 떠맡는 방식으로
관계를 맺는 사람 말이다.

알코올중독자 구제회나 알코올중독자의 성인 자녀 협회 같은 단체는 알코올중독자, 약물 남용자의 인에이블러를 위한 훌륭한 프로그램을 개설해놓았다. 하지만 이런 프로그램은 다양한 유형의 인에이블러 중 알코올중독자와 관계없는 경우까지는 고려하지 않는다. 그래서 인에이블러들은 통상적으로 이러한 단체들에서 해결책을 찾으려 하지 않는다.

우리 가족 내 역학 관계를 이해시켜줄 유용한 정보를 찾는 동안 알코올중독자의 성인 자녀에 관한 자료 외에는 거의 아무것도 발견하지 못했다. 우리 같은 부류의 인에이블러와 의존자 관계에 대한 문헌에 빈틈이 있던 것이다. 이 책으로나마 그 틈을 메우는 데 도움이 되고자 한다.

인에이블러는
누구인가

공중에 떠다니는 먼지 때문에 기침을 해대고 쌕쌕거렸지만 지하실 청소를 끝내야 했다. 새 집주인이 이튿날 이사를 올 예정이었기 때문이다. 방은 곰팡이가 피고 퀴퀴한 냄새가 나는 데다 온갖 쓰레기로 난장판이었다. 1달러, 2달러 이상의 값어치 있는 물건은 하나도 없었다. 그 쓰레기들을 전부 문밖으로 쓸어내서 불태워버리고 싶은 심정이었다.

지난 2주간 이사 준비로 너무 지친 나머지 팔을 움직이려면 평소보다 두 배로 노력해야 했다. 흰 곰팡이가 핀 교과서를 주워 쓰레기장으로 갈 물건 더미에 던져놓았다. 이번 가을에 대학에 들어갈, 책임감 강한 아들 톰의 책이었다. 톰은 열여덟 살이었다.

얼마 전에 열세 살이 된 막내아들 버드는 상자들을 들고 계단을 올라 뒤뜰을 가로질러 트럭에 짐을 싣는 존에게 가져다주었다. 열여섯 살이 된 지 얼마 안 된 존은 셋 중 가장 건장했다.

나는 톰의 도움을 받아 더러운 바닥에 있는 물건들을 입구의 콘크리트판으로 운반하면서, 우리가 이 집에서 살아온 햇수에 비해 물건이 너무 많이 늘었다는 사실을 알아챘다. 적어도 절반은 옮길 가치가 없어 보이는 것들이었다. 그래도 계속 물건을 분류했고, 대부분은 어디로 갈지 미심쩍은 물건 더미에 던져놓았다.

나는 아들 셋이 나를 도우려고 함께 와주어서 기분이 좋았지만 애들이 자발적으로 온 것은 아니었다. 아빠가 강력하게 명령했기 때문이다. 열다섯 살인 딸 니나는 집에 남아 접시를 풀고 부엌을 정리하겠다고 약속하는 것으로 그 명령을 피할 수 있었다.

무거운 물건 대부분을 트럭에 실었을 때 버드의 친구 둘이 오더니 버드와 함께 소프트볼 경기에 가도 되는지 물었다. 아이의 주말을 전부 빼앗고 싶지는 않았기 때문에 허락해주었다. 존도 버드와 같이 갔다. 톰과 나는 남아서 일을 끝내야 했다.

얼마 지나지 않아 톰 쪽에서 투덜거리는 소리가 들렸다. 그 애는 남아 있는 스탠의 연장들을 큰 상자 속에 던지면서 화난 목소리로 물었다.

"왜 아빠는 여기 와서 우리를 돕지 않는 거야?"

사실 새집에서 상자를 풀고 정리하는 동안 스탠에게 예전 집 지하실을 청소해주겠느냐고 진작 물어보았다. 나는 월요일에 다시 직장에 나가야 했다. 여섯 식구가 사는 집을 정리하려면 시간이 많이 필요할 텐데, 다시 일하러 가기 시작하면 정리할 시간이 저녁밖에 없었다. 연차 휴가를 이사하는 데 다 써버려서 쉴 시간도 전혀 없었기 때문에 나는 이미 울적했다.

스탠은 지하실 청소를 하지 않겠다며 거절했다. "내가 이사하는 걸 얼마나 싫어하는지 잘 알잖아. 돌아가서 그 집을 다시 보면 기분이 몹시 고약해질 거야." 그는 이렇게 말했고 나는 이해했다. 이사를 하면 스탠은 우울해졌다. 그는 여러 물건, 그중에서도 특히 집을 내놓는 걸 몹시 힘들어했다. 그가 그날 도와준 일이라고는 아이들을 일찍 깨워 나와 함께 가도록 만든 것뿐이었다. 톰에게는 이렇게 말할 수밖에 없었다.

"아빠가 이사를 얼마나 싫어하시는지 알잖아. 이 집에 돌아오면 우울해질까 봐 걱정하신 거야."

톰은 입을 꾹 다물고 일을 계속했다. 지하실은 어둡고 답답하고 더러웠다. 톰이 너무 기분 나빠 보였기에 결국 나는 이렇게 말했다.

"엄마 일은 거의 다 끝났어. 넌 남은 짐을 트럭에 싣고 새집으로 가지 그러니? 내가 마저 끝내고 갈게."

남은 일이 세 시간이나 더 걸릴 정도로 많아 보이지는 않았지만 결국에는 네 시가 넘어서야 새집에 주차를 할 수 있었다. 집에는 아무도 없었다. 스탠과 니나, 톰이 자전거를 타러 나갔다고 적힌 쪽지가 냉장고에 붙어 있을 뿐이었다. 니나가 정리하겠다던 접시들은 아직 상자 안에 고스란히 들어 있었다.

커피 마실 물을 끓이려고 냄비를 찾으면서 오늘 하루 가 다 가기 전에 다시 한번 힘이 솟구치기를 바랐다. 나는 할 일이 태산 같은데, 가족들은 놀러 다닐 여유가 있다는 것에 화가 났다. 하지만 그들을 자유롭게 해준 사람은 바로 나였다. 나는 분노라는 감정을 무시했다.

그들이 문으로 걸어 들어오는 순간

그 분노가 사그라지리라는 걸 알았기 때문이다.

나는 가족을 사랑했다.

여러모로 우리는 독특한 가족이었다. 겉으로는 다른 가족들과 별다른 차이가 없어 보였는데, 특히 아이들이 어렸을 때는 더 그랬다. 아이들이 커가면서 우리 가족의 상황을 봐서는 도저히 설명할 수 없는 많은 문제가 각자에게 일어났다. 가족이라는 단일체가 구성 부분들보다 '더 조화로운 것'이 문제였다. 가족 관계 안에서 아이들은 제 역할을 아주 잘 했지만, 왜 그런지 바깥세상에 대처하기를 어려워했다.

우리 가족은 친밀하고 서로를 배려하며 감정적으로 힘든 순간이나 시련이 닥쳤을 때 서로를 지지해주었고, 여러

가지 활동을 함께했다. 이런 특성 때문에 우리를 자기 가족으로 삼고 싶어 한 사람들도 있었다. 우리는 각자의 특이하고 별난 버릇에 유난히 관대했으며 서로 다른 점을 인정하고 존중해주었다.

**어쩌면 이 '관대함' 때문에
다른 사람들이 우리 가족에게 끌렸을 텐데,
아이러니하게도 결국 이 '관대함'이 문제를 일으켰다.**

컵과 컵 받침을 상자에서 꺼내 찬장에 집어넣기 시작했다. 나는 스탠에게 가구를 차에 싣고 내리는 것 말고는 별다른 요청을 하지 않았는데, 이유는 스스로 잘 알았다. 그가 이사 때문에 우울증에 빠지지 않도록 부단히 애쓴 것이다. 결혼 생활을 해오면서 상당한 시간 동안 그는 우울증과 불안증을 앓고는 했다. 그 증상을 방지하거나 완화하려고 나는 할 수 있는 일을 다 했다. 그날도 마찬가지로 그의 고통을 줄이기 위해 '일하지 않고 놀게' 놔둔 것이다. 한편으로는 니나가 아빠와 함께 자전거를 타러 나간 게 기쁘기도 했다. 딸에게 아빠와 시간을 보낼 기회를 줄 수 있다면, 접시를 내가 직접 치워야 하더라도 그만한 가치가 있었다. 니나는 아빠에게 무시당한다고 자주 느꼈는데, 특히 그가 우울증에 빠져 있을 때면 더 그랬다. 니나도 이따금 불안증과 경미한 우울증 증세를 보였기에 나는 아이가 걱정스러웠다.

하지만 가장 큰 근심거리는 존이었다. 존은 집 외에는 어디에서도 잘 어울리지 못하는 것 같았다. 대부분의 경우 존은 다정하고 품행이 반듯하며 쾌활한 아이였는데, 가끔 너무도 충격적으로 행동했다. 하지만 나는 존이 매우 영리하고 민감하며 독창적인 아이라서 그 애의 독특한 면을 억누르면 안 된다고 믿으면서 마음을 가라앉혔다. 내 남편과 아이들은 누구보다 특별했다.

나는 그들의 삶에 포함된 거친 부분을 매끄럽게 다듬으려고 내가 할 수 있는 일은 전부 했다. 왜 그랬을까?
인에이블러였기 때문이다.

알지 못하는 사이에 나는 그들의 별난 행동을 뒷받침하고 있었다. 이제는 그 사실을 괴롭고 곤혹스러운 마음으로 인정한다. 참담한 인정이다.

의존자는 누구인가

나는 열여섯 살에 스탠을 만났는데, 언젠가 그와 결혼할 거라고 생각했다. 간절하다기보다는 내가 느낀 일종의 확신 같은 것이었다.

스탠은 내가 남편에게 바라는 자질을 다 갖춘 사람이었다. 친절하고 영리하고 유머러스한 데다가 내가 '고결함'이라고 부르는 특별한 자질까지 지녔다. 그리고 이건 가장 중요한 점인데, 그는 내 아버지와 달랐다.

처음부터 우리는 강한 동지애와 비슷한 경험을 공유한다고 느꼈다. 나처럼 그도 알코올중독자가 있는 집안에서 성장했다. 하지만 그의 어머니는 감정적으로 강인한 분이 아니어서 우리 집안과는 사정이 좀 달랐다. 그의 아버지가 알코올에 빠져들었을 때, 가정은 산산조각이 나버렸다. 결과적으로 스탠은 알코올중독이 가족에게 미치는 고통을 나보다 더 극심하게 경험했다. 적어도 당시에는 그렇게 생각했다. 그러나 실은 그는 불안과 우울에 빠지는 법을 배우고 있었고, 나는 조장하는 법을 배우고 있었다.

결혼하기 전에 우리는 거의 7년간 연애했다. 둘 다 이상적인 가정에 한참 못 미치는 집안에서 자라서 그런지 결혼을 매혹적으로 느끼지 않았고, 그렇기에 서두르고 싶지 않았다. 하지만 우리가 이룰 가정은 어린 시절의 가정과는 전혀 다를 거라고 맹세했다.

결혼 전에 일어난 한 가지 사건은 우리가 결혼 후에 겪게 될 문제를 암시해주었다. 당시에는 너무 순진해서 그것을 알아차리지 못했지만 말이다. 일반적으로 사람들은 결혼 전에 일어나는 문제를 그리 중요하지 않다고 여기거나 결혼하고 나면 어떻게든 해결될 어려움 정도로 생각하는 경향이 있다(보통 결혼을 많은 문제를 해결해주는 만병통치약으로 간주하고는 한다).

대학 2학년 때, 우리는 서로 80킬로미터쯤 떨어져 있는 대학에 다녔다. 스탠은 떨어져 지내는 상황을 괴로워했다.

그는 심란해하며 나를 보러 자주 왔고, 내게서 위안과 지지를 얻고자 했다. 한편으로는 그의 욕구가 내 행동을 억제했고, 다른 한편으로는 그런 상황이 좋았다.

내가 누군가에게 힘을 주고 있고

나는 유용한 사람이며

누군가 나를 필요로 한다고 느끼는 걸 좋아한 것이다.

우리는 몇 시간이고 이야기를 하면서 그의 중요한 관심사, 즉 그가 자기 인생에서 무엇을 하고 싶은지에 대해 끊임없이 이야기했다. 스탠이 원하는 것이 무엇인지 설명해도 내게는 모호하게 들렸다. 그는 철학적으로 말한 반면에, 나는 현실적인 용어로 말했다. 하지만 나는 그의 말을 귀 기울여 들었고, 그가 대단히 훌륭한 사람으로 보였다. 그를 돕기 위해서라면 무엇이든 할 수 있었다.

스탠은 내가 다니던 학교로 편입했고, 우리는 그가 자신을 찾아 헤매면서 느끼는 내면의 부정적인 감정을 계속해서 함께 파고들었다. 그는 불안하고 혼란스러워했고, 나는 그를 도울 수 있다고 강하게 느꼈다.

결혼하기 전에도 우리 관계가 어떻게 된 것인지 염려스럽기는 했다. 그렇지만 나는 어려서 잘 알지 못했고, 더욱 깊어지는 관계 속에서 으레 일어나는 정상적인 과정을 겪고 있을 뿐이라고 생각했다. 부모님은 내가 바라는 결혼 생활을 하지 못했기에 부모님에게서 지침을 얻으리라 기대할 수는 없었다. 스탠의 부모님 역시 결혼 생활에 문제가 너무 많았기 때문에 조언자로서는 아무 소용도 없었다. 그의 삶에서 진정으로 대화할 수 있는 첫 번째 상대는 내가 아니었나 싶다.

내가 결혼 상대로 삼을 만한 다른 사람들도 있었지만 스탠은 내가 가치 있게 생각하는 남편의 자질을 다 갖추었을 뿐더러, 그가 나를 필요로 한다고 생각했다.

그를 이해하고, 사랑하고, 그의 진가를 알아보고,
그가 되고자 하는 사람이 되도록 도와줄 수 있는
유일한 사람이 나라고 믿었다.

스탠과 결혼할 때, 나는 내가 지금 어떤 과제를 떠맡는 중임을 알았다. 하지만 그는 매우 영리하고 재능이 많으니, 내가 옆에서 돕는다면 그가 이루지 못할 게 없으리라고 기대했다.

남편의 성취를 통해 보상을 받으리라고 예상했다. 가족 중심적인 여성에게 개인적 성취란 다정한 이웃들이 사는 동네에 편안한 집을 장만하고, 성공한 남편과 반에서 수석을 차지하는 자녀를 두는 것이었다. 나는 이렇게 배웠고, 믿었고, 또 그것이 옳다고 느꼈다. 그래서 스탠과 나는 공동 목표를 갖게 되었는데, 그게 바로 그가 되고자 하는 사람이 되도록 내가 돕는 것이었다. 우리 둘 다 그가 하는 일에 집중했다. 그의 성공이 곧 가정의 성공이 될 터였다.

스탠은 중년의 시기에 겪는 위기감을 아예 가지고 태어난 듯했다. 그는 인생에서 자신이 하고자 한 일을 확신한 적이 한 번도 없었다. 그래도 열심히 일하고 바쁘게 지내는 동안에는 별 문제 없이 생활했고 기분도 좋았다.

우리는 성인의 삶을 개척해 나아가는 힘겨운 투쟁을 시작했다. 아이들이 큰 터울 없이 태어났고, 스탠은 직장 생활을 견뎌내며 대학원에 진학했다. 책임질 거리를 너무 많이 만들어버린 나머지, 삶이 어느 방향으로 흐르는지 생각할 겨를이 없었다. 그저 흐름에 따라 떠밀려가도록 내버려둘 뿐이었다.

고투를 벌이는 첫 몇 년간 스탠은 잘 해냈다. 오히려 내가 그렇지 못했다. 아직 어린 네 아이에 얽매여 지내다 보니 점점 더 고립되어갔다. 나 자신을 생각해보면 언제나 임신한 상태로 퉁퉁 부은 모습이 떠오른다. 아이들을 데리고 장을 보러 가는 것만으로도 너무 힘들었고, 가족 소풍을 간다고 하면 부담스러웠다. 사람들과 어울리는 상황에 처할 때마다 자신감이 없어지면서 서서히 은둔자가 되어갔다.

집을 거의 떠나지 못했던 나와 달리 직장에서 서서히 승진하던 스탠은 집에 있는 날이 거의 없었다. 집에 있을 때면 산만하고 불편해 보였다. 어쩌다 가끔 아이들과 놀이를 시작하더라도 변덕스럽게 굴었다. 일하고 있지 않은 상태를 견딜 수 없는 듯했다. 할 일이 없을 때 불편해하는 그의 모습을 보며, 나는 그가 가족과 함께 지내는 것을 좋아하지 않는다고 생각했다. 마치 세상이 나를 스쳐 지나가면서 내 남편을 멀리 데려가버리는 듯한 느낌이었다.

우리의 역할이 뒤바뀌었다. 나는 그의 관심과 시간을 간절히 원했지만 그는 바빴다. 내가 오히려 짐이 된 것 같았다. 게임은 예전과 똑같았지만 서로 역할을 맞바꾼 셈이었다.

그런데 큰 충격을 안겨준 감정적 지진이 발생하면서 관계 구조는 다시 바뀌었다. 스탠이 대학원을 졸업한 것이다. 보통은 안도감과 기쁨을 줄 만한 일이었지만, 그에게는 오히려 직업 결정(그것은 곧 인생 경로의 결정으로 바뀌었다)이라는 문제를 불러왔고, 이내 그는 자신을 잃고 흔들렸다.

그때까지 스탠은 학위를 받으려고 공부하면서 진로에 관한 결정을 미룰 수 있었던 것이다. 하지만 서부 해안에 위치한 수익성이 좋은 일자리를 제안받자, 그 자리를 자신이 진정 원하는지 확신하지 못하면서 무력감에 빠져들었다. 혼란스러운 가정에서 혼란스러운 감정을 감춘 채 성장해 온 그에게 다시금 혼란이라는 감정이 수면 위로 떠오른 것이다.

스탠은 불안정한 부모와 이곳저곳 이사를 다니며 어린 시절을 보냈고, 그러면서 가족의 이사를 두려워하게 되었다. 새 직업을 얻을 수 있는 기회에는 마음이 끌렸지만, 낯선 지역으로 이사를 해야 하는 것이 걱정이었다. 그는 이사할 필요가 없는 현재 직업과 마음에 드는 새 직업 사이에서 고민했다. 게다가 두 직업 모두 그가 상상하던 거창한 방식으로 사회에 기여할 기회를 제공하지 않는다는 문제도 있었다. 결국 스탠은 '삶의 의미'와 관련된 트라우마에 빠져 들어갔다.

그는 밤마다 잠을 이루지 못하고 서성거리며 이사 문제에 관해 끊임없이 이야기했다. 그리고 뭔가 의미 있는 일을 하려는 자신의 욕망에 관한 지난 두려움과 걱정을 전부 들춰냈다. 이 문제는 또다시 우리 두 사람의 뇌리를 완전히 장악했다.

스탠은 딜레마에 사로잡혀 점점 더 비정상적으로 행동했다. 그는 새 일자리를 받아들이겠다고 거듭거듭 결심했다. 그렇게 반복해서 결심해야 하는 이유는 그것을 실천에 옮길 수 없었기 때문이다.

점차 그의 친구들이 그를 멀리하기 시작했다. 그가 입에 올리는 이야기는 오로지 직업을 선택하려고 애쓰면서 느끼는 불안감뿐이었다. 그는 다른 사람들을 찾아 조언을 구하기도 했다. 이런 강박관념을 함께 나누다 보니 나도 똑같이 불안감에 사로잡혔다.

스탠에게 정신이 팔려 있는 동안에는 아이들의 감정적 욕구를 소홀히했다. 가정에서 매일 일어나는 문제와 자연스럽게 일어나는 일들은 부차적인 문제였다. 남편의 불안증이 심해지면서 불필요한 감정적 고충을 덜어주려고 내가 스스로 문제를 도맡아 주위 상황을 처리했다.

"고통이 왔다 가면 누구나 제자리에 있지 못한다."
이 속담처럼, 스탠이 자기 인생에서
가장 파괴적인 시기를 보내는 동안 나도 변화를 겪었다.

스탠에 대한 친구들과 지인들의 평가가 달라지면서 나에 대한 평가도 바뀌었다. 그들은 내가 강하고, 용감하고, 차분하고, 참을성 있고, 이해심 깊고, 헌신적이고, 유능하고, 지혜롭다며 칭찬했다. 내가 영웅이 된 것이다! 게다가 남편이 나를 필요로 하고 사랑했다! 아니, 패배의 구렁텅이에서 벗어나 승리를 낚아챈 것 아닌가!

상황에 따라 결정해야 했으므로 어쩔 수 없이 우리는 서부 해안으로 이사했다. 그곳에서 스탠의 불안증을 치료하고자 의사를 찾아갔다. 병원에서는 그가 장기적으로 해결하지 못한 문제들 때문에 주요 우울 장애(지속적인 우울감과 수면 장애, 죄의식이나 자괴감, 혹은 자살 충동을 수반하는 우울증─옮긴이)를 앓고 있다는 진단을 내렸다.

스탠은 서서히 평정심을 회복했고, 우리의 생활은 정상으로 돌아왔다. 하지만 이 트라우마는 우리를 변하게 만들었다. 남편은 의기소침해졌고 자기 능력에 대한 자신감이 없어졌다. 언제 우울증에 빠져들지 모르는 상태로 살게 된 것이다. 반면에 나는 남편과 아이들의 욕구와 요구 사항, 금세라도 닥칠 위험을 계속해서 곡예하듯 처리해낼 수는 없으리라는 두려움 속에 살면서도 점차 강인해졌다.

결혼 초 생활 방식으로 되돌아간 것처럼 가족의 역학 관계에 변화가 일어났다. 나는 모든 것을 좌지우지할 수 있었고, 그런 역할이 내게는 쉽고 자연스러웠다. 내 어머니가 해내던 역할이었다.

이어진 몇 해 동안 다소 고통스러운 시간이 지속되었다. 스탠은 우울증에 빠졌다가 헤어 나오기를 반복했고, 나는 불행한 그를 행복하게 만들어주려고 애쓰는 처지에 다시 놓였다.

나는 스탠이 주기적으로 앓는 우울증에서 빠져나오게 하려고 몹시 노력했다. 그런데 이런 노력이 오히려 의도한 바와 늘 정반대의 결과를 낳는다는 사실을 깨달았다. 내가 쾌활하게 행동할수록 스탠은 시무룩해져만 갔다. 내가 그에게 어떤 확실한 해결 방안을 제시하면, 그는 내가 상황을 제대로 이해하지 못해서 그런 어리석은 제안을 한다고 대답할 뿐이었다.

스탠은 위로받기를 원하지 않았다.
그는 내가 그의 슬픔에 동참하기를 바랐다.

스탠은 자신의 물리적 환경을 온전하게 유지하기 위해, 또한 자신의 감정적 드라마를 떠받치기 위해 나를 필요로 했다. 그는 분명 나의 감정적 의존자가 되고 있었다.

'의존'의 의미

인에이블러에게 의존하는 것은 인간의 생존을 가능하게 하고, 안정감을 느끼게 해주는 기본적인 상호 교환과는 다르다. 사람들 간의 관계에서 건강한 상호의존interdependence 과 기생적 의존은 분명히 차이가 있는데, 정신없이 돌아가는 가정생활에서 그 차이점을 알아차리기는 어렵다.

인간의 삶에서 상호의존은 없어서는 안 될 기둥과 같다. 자연스럽고도 의도적인 생존 요소이자, 안정적인 가족 구조의 토대인 것이다. 사람들은 누구나 다양한 시기에 이러저러한 이유로 다른 사람에게 의지하게 마련이다. 성장하는 시기에는 어른의 양육과 보호가 필요하고 성인이 되면 늙거나 병들어 자신을 스스로 돌보지 못하는 가족 구성원을 돌본다. 사람은 자기가 어려움에 처했을 때, 가족과 친구들이 도와주리라 믿으며 안정감을 얻는다. 우리는 집단 구성원의 의미가 무엇인지 알고, 가족과 공동체 속에서 성장하며 배운다. 나아가 더 광범위한 사회에서 상호의존적인 관계를 맺는다. 만일 트럭 운전기사가 농장에서부터 마트까지 식품을 수송하지 않으면 우리는 대부분 굶게 될 것이다. 우리 사회는 문화적으로 상호의존적인 환경 안에서 각 개인에게 사적 독립성을 허용하며 균형을 유지할 수 있다는 점에 자부심을 느낀다. 개인으로서 우리는 자기 자신을 돌볼 뿐만 아니라 가족, 공동체, 그리고 나라에 기여하리라는 기대를 받기도 한다.

만성질환을 가진 환자나 타인에게 의존할 정당한 이유가 있는 장애를 가진 사람이라도 다른 사람들과 마찬가지로 자신이 할 수 있는 일을 하리라는 기대를 받는다. 더구나 장애를 받아들이고 도전해 극복하는 사람들은 경외심을 불러일으키고, 사회는 그들을 영웅으로 대접한다.

일시적으로 감정적 고통을 겪는 사람들을 돕는 것도 우리의 윤리적 규범에 속한다. 사람은 병에 걸리거나 죽거나 사고를 당하는 등 여러 가지 비극적인 경험을 한다. 이런 우여곡절은 인생의 한 부분이라서, 사람들은 어떤 재앙이 언젠가는 자신에게 닥쳐올 거라고 인식한다. 비극적인 사건이나 충격적인 상실에 큰 슬픔을 느끼는 것은 당연한 일이다. 하지만 어떤 비극을 겪었든 간에 시간이 얼마간 흐르고 나면, 사람들은 자신의 상황을 대면하고 사적인 삶과 직업적 삶을 계속 이어나가리라는 기대를 받는다.

개인이 어려운 시기에 반응하는 방식에 따라, 상호의존적 사회에 동참하는 사람과 의존적인 사람을 나눌 수 있다. 자신의 장애, 슬픔, 역경을 핑계 삼아 자신이 할 수 있는 일을 회피하는 사람들은 감정적으로 의존적인데, 이런 감정적 의존은 경제적 의존보다도 더 치명적일 수 있다.

감정적인 의존자는 과거나 현재에 실제로 실망한 일이나 상상의 실망을 기회 삼아, 본인의 활동 부족이나 가짜 행동을 정당화한다. 그러면서 자신이 이길 수 없는 싸움을 하고 있다고 주장하고, 자신에 대해 음모를 꾸미는 것들만 없다면 세상에 나가 용을 죽일 수도 있다고 단언한다. 그들이 날리는 펀치는 마치 혼자 하는 권투처럼 허공을 가로지를 뿐이다. 어떤 사람의 삶은 온통 대응하기 힘들고 해결할 수 없는 외적 문제들을 중심으로 돌아간다. 이런 사람들은 언제나 해결할 수도 없고, 해결하고 싶지도 않은 어떤 위기에 연루되어 있다. 이처럼 '해결할 수 없는 문제'를 가진 사람들이 그것을 다른 사람에게 해결하도록 넘겨주고, 또 그것을 기꺼이 떠맡으려는 사람까지 있다면 조장과 의존enabling-dependence 관계의 악순환이 시작된다.

의존자들은 해결책을 찾느라 몸부림치면서 대단히 힘찬 모습을 보일 수 있다. 하지만 그들은 결정하고 결심하며 실천하기를 겁내기 때문에, 현실적인 탈출구를 찾으려는 진짜 추진력은 없다. 의존자들은 대체로 자기가 문제에 대한 답을 찾아내지 못한 독특한 이유를 만들어내지만, 실은 그 설명에는 변화나 실패에 대한 두려움, 혹은 인에이블러를 잃어버릴지도 모른다는 두려움이 깔려 있다.

친구나 가족이 고질적인 의존자에게 실제적인 답을 제안하면, 의존자는 그 제안에 대해 상상할 수 있는 온갖 반대 의견을 제시한다. 인에이블러가 상황을 괜찮게 만들려고 허둥지둥 애쓰면서 '긍정적인 면을 보고' 진짜 해결책을 내놓으면, 의존자들은 그들을 순진해빠진 낙천주의자라며 조롱하고 그 문제가 얼마나 다루기 어려운지를 알지 못한다고 말한다.

내가 낙천주의자가 되는 것이 힘든 일에 대응하는 더 나은 방식이라는 것을 깨닫기까지는 여러 해가 걸렸다. 자기 행동을 정당화하려고 그릇된 뭔가를 핑곗거리 삼으려는 욕구는 본질적으로 부정적 순환을 일으킨다는 사실을 서서히 깨달았다. 관념주의 철학자들이 주장하듯 인생이 우리가 인식하는 그대로라면, 인생을 풍부하고 자애롭다고 보지 않을 이유가 있을까? 낙관적인 태도는 행복을 자아내는 데 도움이 된다. 만일 '네가 보는 것이 네가 얻는 것이다'라면, 나쁜 것보다 좋은 것을 보는 편이 훨씬 타당한 선택이다. 현실적인 차원에서 이 철학은 매우 간단하다.

인생을 보람 있는 경험으로 보는 사람들은
더 즐겁게 살 수 있다.
반면에 인생을 고통스럽고 어려운 과정으로 보는 사람들은
모든 것에서 고통과 어려움을 발견한다.

나는 스탠과 많은 시간을 보내면서 그가 순환적 강박 관념에서 벗어나 전진할 수 있도록 행동 계획을 만드는 데 도움을 주려 애썼다. 하지만 결과를 추구하는 나와 달리 그는 결과를 피하고 있었다.

스탠은 정확히, 자기가 고른 장소에서 자기가 원하는 직업을 주지 않는 불공평한 세상 때문에 부당한 고통을 받았다고 느꼈다. 그에게는 해결책이 없었다. 결국 타협해야 했지만 마음속에서는 전혀 타협하지 않은 것이다.

결정 트라우마를 겪고 있을 당시에 나는 스탠이 결정을 내리고 싶어 하며 내가 도와주기를 바란다고 잘못 생각했다. 하지만 지나고 보니 그가 허우적거린 것은 결정을 내릴 필요가 없도록 자신을 보호하려는 행동이었다. 그가 내게 원하던 바는 현실적인 답을 찾도록 돕는 것이 아니라 그의 트라우마와 불완전한 인생에 대한 비탄에 동참할 사람이 되어주는 것이었다.

경쟁적인 세상에서 독립하려고 몸부림치는 일은

누구에게나 힘겹지만

부적절한 부모의 유형을 경험한 아이들에게는

특히 더 어렵다.

아버지가 술에 빠질 때마다 부모님이 그들 나름의 극적인 사건에 완전히 몰입한 나머지 자신을 무시했다고 스탠이 내게 말한 적이 있다. 아버지의 음주로 인해 그가 슬퍼하거나 고통스러운 기색을 보일 때만 그의 부모는 아들에게 관심을 보이고는 했다. 스탠이 어렸을 때 정말로 근심 걱정에 시달리긴 했지만, 그가 부모의 주목을 받을 수 있었던 유일한 방안이 부모보다 더 괴로운 모습을 보이는 것이었다고 생각하니 슬픈 일이다. 이런 상황에서 성장한 사람이 인생은 시련의 연속이고 남들의 인정을 받으려면 불행과 근심에 시달리는 수밖에 없다고 믿는 것은 쉽게 이해할 수 있다.

큰 변화가 잦은 집안에서 자란 아이들은 재앙이 언제든 닥쳐올 수 있다는 두려움을 평생 간직하게 된다. 심한 경우에는 부모의 생활 방식을 마음에 깊이 새긴 나머지, 이와 다른 환경에서는 자신이 어떻게 처신해야 하는지를 알지 못한다. 행복하고 정상적으로 살아가는 듯한 다른 사람들을 지켜보면서 이 아이들은 자신이 생활에 꼭 필요한 본질적 요소를 빼앗긴 희생자 같다고 느낀다. 이들은 종종 수치심이나 자신이 무가치한 존재라는 느낌을 키우는데, 동시에 다른 사람들의 생활에 대한 비현실적인 이미지를 간직하기도 한다. 인생을 살아가는 방법에 대한 혼란과 의혹은 이들이 어른이 되어도 쉽게 사라지지 않는다.

사람들은 어떤 행동을 해야 자신이 원하는 칭찬을 들을 수 있는지 일찌감치 배운다. 원하는 칭찬을 듣지 못한다 해도 자신이 받은 것에 만족하면서 그 이상을 얻으려고 필요한 다른 수단들을 사용한다. 보통은 성인이 되어서도 어렸을 때의 행동 방식을 기본적으로는 유지하면서 자신이 받는 보상과 처벌에 따라 그 방식을 바꾸어나간다. 사람들은 대부분 겁 없이 성인의 세계에 뛰어들지만, 의존자들은 먼저 자신이 정말로 그 세계에 관여하고 싶은지를 주저하면서 알아보려 한다. 성인의 세계가 너무 무서워 보이면 이들은 자기 자신을 보호하기 위해 그 세계에 참여하지 않는 전략을 세운다.

의존자들은 자기 트라우마를 이용해서 다른 사람들을 자신에게 엮이게 하고, 너그럽고 동정심 넘치는 사람들이 자신을 저버리기 어렵게 만든다. 이것이 인에이블러가 깨뜨리기 매우 힘든 주문인 셈이다. 어떤 면에서는 의존자들도 이것을 알고, 자신의 배우자나 부모, 아이들, 혹은 친구들을 영원히 얽매이게 할 수도 있다. 아내가 자기를 버리고 떠날 거라고 느끼는 환자는 아내를 잡아두기 위해 또 다른 병에 걸릴 수 있는데, 자신이 무엇을 하는지 자각하지 못할 수 있다. 그는 다만 자신이 병들었고 아내 없이는 살아갈 수 없다고 생각할 뿐이고, 또한 자신이 얼마나 절실하게 아내를 필요로 하는지를 아내에게 확실히 알려줄 뿐이다.

의존자들은 고통에 빠져 옴짝달싹 못 하는 데다 앞으로 나아갈 능력이 없어 보이고, 진짜 괴로워하는 것 같고, 그들의 상황은 너무나 견디기 어려워 보인다. 그래서 사람들은 의존자들의 문제에 쉽게 끌려들어 간다. 상습적인 인에이블러들은 본능적으로 의존자들에게 집착할 테고, 결국은 극적인 사건이 끊임없이 지속되도록 도울 뿐이다.

친구들은 의존자의 말을 들어주고, 제안도 하고, 도와주기 위해 할 수 있는 일을 하지만, 결국 의존자가 원하는 것은 해결책이 아니라 패배의 구렁텅이에서 빠져나올 생각이 없는 자신에게 무조건적으로 퍼부어줄 위로일 뿐이라는 사실을 깨닫는다. 그 시점이 되면 친구들은 떠나가고, 의존자는 새로운 친구를 찾는다.

의존자들은 세상을 세상의 방식대로 직시하기를 꺼리기 때문에 큰 대가를 치르게 된다. 자기의 일을 배우자나 친구, 동료를 비롯해 누구에게든 미루면서 의존자 자신은 통제력을 잃는다. 누군가 대신해서 내린 결정은 의존자들이 명료하고 독자적으로 생각할 수 있었다면 내리지 않았을 결정일 수 있다.

인에이블러는 다소 재미없는 사람들이라서 현실적인 규칙을 따르고 열심히 일하는 반면에, 의존자들은 자신의 내적 드라마에 늘 사로잡혀 있는 낭만적 인물인 경우가 많다. 내가 보기에 남편은 고통에 시달리는 멋진 독수리 같았고, 그에 비해 나는 집오리 같았다. 신뢰할 수 있고 뻔히 예측할 수 있는 사람은 다른 이들에게 따분한 사람일 수 있다. 스탠은 종종 이렇게 말했다.

"나는 적응이라는 단어가 싫어. 마치 어떤 사람이 내 머릿속에 들어와서는 렌치를 가지고 나사를 조이거나 볼트를 푸는 것 같거든. 내가 왜 적응해야 해?"

나는 대답할 말이 없었다. 적응에 관한 그의 분노가 왠지 정당해 보였기 때문이다. 세상이 더 협조적이어야 했다. 그에게 내가 그랬듯이.

"내가 왜 적응해야 해?" 이 질문에 대한 답을 알지 못해서 나는 내 위치에서 벗어날 수 없었다. 훗날, 이 질문에 대한 답이 영감처럼 떠올랐다.

누구도 적응할 필요가 없다!
하지만 적응하지 않을 때 치러야 할 대가가 있다.
스탠은 그 대가를 치르고 있었는데,
문제는 그것을 내게서 빌렸다는 점이다.

사람은 원하는 대로 행동할 권리가 있지만, 어떤 형태의 행동이든 그에 상응하는 결과가 따른다. 세상에는 사람의 상호작용을 통제하는 자연법이 있다. 또한 사회적 관습은 대체로 모든 이들의 이익을 위해 발전해왔다. 이런 원칙들은 상벌 체계와 더불어 우리의 감정 세계를 형성하는 생태 환경을 이룬다. 우리는 확립된 행동 양식을 수용할 수도, 거부할 수도 있다. 하지만 그 결과를 무시할 수는 없는 법이다. 결과는 항상 잇따른다. 어떤 특정한 행동의 결과를 견디고 싶지 않으면 그 행동을 '변화'시켜야 한다.

자기 세계의 현실에 적응하지 않을 때 얻게 될 결과를 방지하려면 그 현실에 전적으로 참여하면 된다. 의존자들은 경기를 관람만 하는 운동선수와 같다. 하지만 대신 경기를 뛰어줄 사람이 없다면 의존자들도 의존자로만 남아 있을 수는 없다.

내 아들의 이야기

인에이블러와 의존자 양쪽에 가장 큰 위협은 조장과 의존 관계가 산산조각 나는 상황이다. 여러 해에 걸쳐서 그들은 서로 관계 맺는 방식과 다른 사람들과 관계 맺는 방식을 개발하고, 매우 깊이 뿌리박히도록 만들어왔다. 이런 관계 패턴에 변화가 일어나면 외부 상황으로 인해 어쩔 수 없이 일어난 변화든 아니면 건강을 얻기 위해 도입한 변화든, 그들의 정체성 자체를 흔들어놓는다.

나는 지진처럼 몰아닥치는 스탠의 우울증과 불안증을 여러 차례 겪었다. 그 일이 일어날 당시에 나는 똑바로 서 있었는데, 그게 딱 벼락 맞기에 좋은 키였다. 아무래도 벼락 맞았다는 표현은 가족이 심각한 뇌 장애에 걸렸을 때 느낀 감정을 표현하는 데 가장 적절한 비유 같다.

사건은 존이 스무 살이 되기 직전 여름에 시작되었다. 존은 갑자기 극도로 흥분했다. 자기가 마시던 음료에 어느 친구가 약물을, 아마도 합성 헤로인을 탔을 거라고 했다.

존은 병적인 피해망상증에 시달리며 자기 방에서도 잠을 이루지 못했다. 약물을 탄 친구가 한밤중에 집 안에 들어와서 자고 있는 자신에게 해로운 약물을 주사했다고 믿었다. 식구들이 자려고 각자 방으로 들어가고 나면, 존은 창문이 없는 화장실로 들어가 문을 잠그고 바닥에서 잠을 청했다. 설핏 잠이 들면 공격을 받을지도 모른다는 지나친 걱정 때문에 오래지 않아 존은 잠을 거의 잘 수 없는 지경에 이르렀다. 피로가 점점 쌓이자 여름철 단기 아르바이트를 하러 나가는 것이 힘들어졌고, 밖에 나가더라도 온종일 견디기 어려웠다. 약물에 중독되었다는 강박관념에 사로잡힌 뒤로는 자신을 방어해야 할 때를 대비해서 힘을 기르려고 아령을 들고 운동하기 시작했다.

거의 뛰다시피 거실을 왔다 갔다 하는 존의 모습을 보면 무시무시했다. 나는 그 상황을 어떻게 생각해야 할지, 어떻게 반응해야 할지 몰랐다. 친구가 정말로 잔인한 장난을 쳐서 뇌에 화학적 불균형을 일으켰을 가능성도 없지 않아 보였다. 존의 광적인 정신착란을 불러온 원인이 무엇이든 간에, 그 일은 내가 상상할 수 없던 가혹한 비극이었다.

두 달 전, 존이 평소 같지 않은 극심한 두통을 호소해서 병원에 데리고 갔다. 존은 하룻밤 입원해서 통증을 가라앉히는 약을 먹었고, 군발성 두통(몇 주에서 몇 달에 걸쳐 주기적으로 나타나는 편두통의 일종으로, 떼두통이라고도 함―옮긴이)이 있는데 곧 사라질 거라는 말을 들었다. 그러고는 곧 나아졌다.

존이 불안해하면서 약물에 중독되었다고 처음 주장하기 시작했을 때는 정신과 의사에게 상담을 하러 갔다. 약물과 관련된 정신병을 치료해온 그 의사는 존의 고통과 피해망상증이 유독성 물질 때문에 빚어졌을 가능성이 있다고 생각했다. 하지만 혈액 검사를 해보아도 특별한 이상이 없었기 때문에 우리는 존의 행동을 관찰하며 기다리는 수밖에 없었다.

그런데 어느 날, 존이 공중전화로 우리에게 전화를 걸어왔다.

"데리러 와주세요. 정신없이 주위를 계속 헤매고 있어요."

우리는 정신과 의사에게 전화했고, 의사는 존이 입원할 수 있도록 절차를 밟았다. 스탠과 나는 존을 집으로 데려오는 대신 차로 160킬로미터 거리에 있는 가장 가까운 정신병원에 입원시켰다.

아들을 병원에 두고 나오면서 우리는 망연자실했다. 의사들은 존에게 심각한 뇌 질환이 있으리라고 에둘러 말했다. 나는 울음을 그칠 수 없었다. 스탠은 말없이 나를 위로하려고 했지만 그도 낙담하고 큰 충격을 받은 상태였다. 나는 위기에 잘 대처했지만 이번만큼은 감당할 수 없을 정도로 힘들었다. 잘생기고 장래가 유망한 아직 어린 내 아들이 이렇게 갑작스럽고 처참하게 쓰러졌다는 사실을 믿을 수 없었다.

존은 둘째였다. 매우 똑똑하고 언제나 창의적이었다. 어릴 때는 늘 활동적이고 즐거운 놀이에 몰두했다. 우리가 시골로 이사한 후 존은 4-H 활동(지구촌의 80여 개 국가에서 전개되고 있는 범세계적 청소년 운동의 하나. 머리Head, 마음

Heart, 손Hands, 건강Health을 의미한다—옮긴이)을 위해 동물을 키우는 데 관심을 쏟았고, 그런 경험을 통해 세심하고 수용적이면서도 따뜻한 성격을 갖게 되었다.

존은 언제나 무척 다정한 데다가 장난을 좋아하고 창의적이었기에, 나는 아이에게서 드러났을지 모를 별난 특성을 보려고 하지 않았다. 앞으로 문제가 생길지 모른다고 경고해주었을 예고 징후를 놓친 것이다. 나는 사람들이 다양한 성격을 갖고 태어난다고 늘 믿었고, 사회에 큰 공헌을 한 위인들 중 어떤 사람들에게는 남다른 점이 있다는 사실을 알았다. 그래서 존의 행동거지에서 무언가 특이점을 알아차릴 때마다 창조적이고 독자적인 특성의 일부라고 넘겨버렸다.

존이 성장하는 동안 나는 남편을 대할 때와 비슷하게 그 애를 대했다. 기이한 행동을 받아주었고, 아이를 위해 핑계를 대주고, 자질구레한 일을 대신 해주고, 필요한 것을 앞질러 해결해주었다. 존이 고등학교 마지막 학년에 학교를 그만둔 일도 합리화했고, 군대에서 기본 훈련을 끝내지 못했을 때도 집에 돌아온 아이를 덮어놓고 반겨주었다.

나는 이따금 드러나는 존의 일탈 행동을 기꺼이 눈감아 주었지만 남들은 그렇지 않았다. 존은 남들의 관심을 끝없이 갈구했다. 스탠은 존의 다양한 동물 연구 과제를 도와주면서 수많은 시간을 같이 보냈지만, 우울증에 빠질 때면 아이들을 포함해 주위 환경을 그리 의식하지 않았다. 다른 아이들은 그런 상황을 받아들였고, 아빠가 함께하지 않아도 되는 활동에 몰두했다. 하지만 존에게는 아빠와 접촉하는 것이 언제나 중요했다. 그래서 스탠을 따라다니면서 끊임없이 말을 하고 어떤 반응을 얻으려 했다. 스탠은 때로 성가셔했지만 대개는 존이 옆에 있다는 것도 거의 의식하지 못했다.

관심을 받으려는 존의 욕구는 학교와 사회 생활에서도 명확히 드러났다. 3학년 때는 존이 활동 과잉과 더불어 우스꽝스러운 행동을 지속하자 담임 교사는 아이가 차분해지도록 리탈린(과잉 행동을 일으키는 중추신경에 영향을 미치는 약―옮긴이)을 먹이라고 제안했다. 그 말에 화가 난 나는 선생이 아이의 창의력을 다루지 못해 약을 먹이고 싶어 한다고 생각했다. 존은 집중력이 부족했지만 학교 성적은 평균 정도였다. 내가 인에이블러 엄마가 아니었다면 아이가 과잉 행동 장애(흔히 ADHD로 불리는 질병으로, 비정상적인 활발함과 충동적 성향 등으로 사회 부적응 문제를 일으킬 수 있다—옮긴이)를 가지고 있다는 사실을 알아차리고 도움을 청했을지도 모른다. 존의 기이한 행동은 계속 돌발적으로 일어났고, 결국 10대 소년으로서는 너무나 충격적인 말과 행동을 보였다.

나는 아이가 터무니없는 짓을 할 때 나무랐다. '나무라다'는 말은 내 행동을 설명하는 데 아주 적절한 표현이다. 실효가 없는 훈계에 불과했던 내 나무람은 존에게 앞으로 계속 똑같이 행동해도 심각한 징벌은 없으리라 암시했던 것이다.

존이 퇴원하고 집에 돌아온 그 여름에 한 가지 경험을 하고서야 나는 나를 돌아보고 존의 용납할 수 없는 행동에 대해 나 역시 일부 책임을 져야 한다고 인정하게 되었다.

한번은 우리 집 거실에 가족과 친구들이 모여 있는데, 존이 제 여동생과 나를 곤혹스럽게 만들려고 충격적인 말을 늘어놓기 시작했다. 나중에 막내아들 버드에게 이 일에

삶을

다정하게

가꾸는

월북의

"나는 이 책에서 '쓸모'의 의미를 논하고 싶지 않지만, 사람들이 이 말을
지나치게 교육이나 자기 계발에 관해서만 사용할 때 슬퍼지곤 한다."

『인생의 언어가 필요한 순간』 중에서

책—들

월북

모든 단어는 이야기를 품고 있다

걸어 다니는 어원 사전

양파 같은 어원의 세계를 끝없이
탐구하는 아주 특별한 여행

마크 포사이스 지음 | 홍한결 옮김

슬픔에 이름 붙이기

마음의 혼란을 언어의 질서로
꿰매는 감정 사전

존 케닉 지음 | 황유원 옮김

여행자의 어원 사전

6대륙 65개 나라 이름에 담긴
다채로운 역사 이야기

덩컨 매든 지음 | 고정아 옮김

옥스퍼드 오늘의 단어책

날마다 찾아오는 단어가
우리의 하루를 빛나게 할 수 있다면

수지 덴트 지음 | 고정아 옮김

수상한 단어들의 지도

평범한 말과 익숙한 사물에 숨은
의미심장한 사연

데버라 워런 지음 | 홍한결 옮김

나를 이해하고 자연을 읽는 방법

자연에 이름 붙이기

보이지 않던 세계가
보이기 시작할 때

캐럴 계숙 윤 지음 | 정지인 옮김

어떻게 수학을 사랑하지 않을 수 있을까?

수학과 철학에서 찾는
이성적 사유의 아름다움

카를 지크문트 지음 | 노승영 옮김

사피엔스의 뇌

보이지 않는 마음의 원리
인간의 진실을 비추는 뇌과학 이야기

아나이스 루 지음 | 뤼시 알브레히트 그림 | 이세진 옮김

태어난 김에 물리 · 화학 · 생물 공부

슥슥 그린 편안하고 직관적인 그림 설명
한번 보면 잊을 수 없는 필수 과학 개념

커트 베이커, 알리 세제르, 헬렌 필처 지음 | 고호관 옮김

흔들리는 세상을 바로 보는 창

눈에 보이지 않는 지도책

세상을 읽는 데이터 지리학

제임스 체셔, 올리버 우버티 지음 | 송예슬 옮김

인간의 흑역사

인간의 욕심은 끝이 없고
똑같은 실수를 반복한다

톰 필립스 지음 | 홍한결 옮김

썰의 흑역사

인간은 믿고 싶은 이야기만 듣는다

톰 필립스, 존 엘리지 지음 | 홍한결 옮김

삶은 공학

불확실한 세상에서
최선의 답을 찾는 생각법

빌 해맥 지음 | 권루시안 옮김

필로소피 랩

옥스퍼드 대학 철학 연구소
세상 모든 질문의 해답을 찾는 곳

조니 톰슨 지음 | 최다인 옮김

대해 언급하자, 버드는 존이 제대로 처신할 줄 모르는 것은 엄마 탓이라며 내게 화를 냈다. 나는 존의 말을 못 들은 척하거나 그저 '성장 과정의 한 단계'일 뿐이라 여겼고, "그만해!"라고 말하지 않았다. 결국 존이 제멋대로 하도록 내버려둔 셈이다.

나는 버드의 말이 맞는지 확인해보기로 했다. 존에게 그 당시에 한 말을 절대로 용납할 수 없고, 내 집에서 그런 식으로 말하는 것을 다시는 받아들이지 않겠다고 말했다. 존은 너무 충격을 받았는지 어안이 벙벙한 채 입을 다물었다. 평소와는 전혀 다른 모습이었다. 그 애가 속으로 어떤 감정을 느꼈는지는 모르지만, 전과 같은 그런 일은 분명 다시 일어나지 않았다. 병을 앓고 있으면서도 존은 넘지 말아야 할 선을 이해하고 수용한 것이다.

나 자신이 친절하고 관대하고 다정한 엄마라고 생각하며 지내온 여러 해 동안, 나는 존이 외부 사람들에게는 받아들여질 수 없는 행동 패턴을 굳혀가도록 조장했다. 존은 사랑스러운 아이였기에 나는 아이의 특이한 행동을 너무나 쉽게 눈감아주었고 용서해주었다. 온 가족이 존을 많이 사랑하며 참아주었다.

이후 존은 분열정동장애(환영이나 환각 같은 정신 분열적 증세와 우울증 증세가 결합된 질병―옮긴이)가 있다는 진단을 받았다. 그 병의 씨앗은 아이에게 내재해 있었고, 내가 전혀 통제할 수 없는 요인들이 빚어낸 결과라는 사실을 이제는 알고 있다. 내가 이 병을 일으키지는 않았지만, 남편의 우울증에 부채질을 했듯이 동일한 방식으로 아이의 병을 떠받친 것이다. 두 사람이 각자 처한 상황에서 힘든 부담을 지지 않도록 보호하려고만 했다. 하지만 두 사람에게 정말 필요했던 것은 자기 문제를 직면하고 현실과 세상의 요구에 맞춰 질병을 조절하는 방법을 배우는 것이었다.

나는 스탠과 존의 트라우마를 겪으면서 그것을 내 것으로 만들어버렸다. 온통 혼란스러운 상황을 헤쳐가려고 애쓰던 시절에, 내가 가족을 위해 살아 있고 그들의 짐을 대신 질 수 있을 만큼 튼튼하니 다행스러운 일이라고 하느님께 여러 차례 감사해했다. 하느님이 이렇게 답하실 거라고는 조금도 생각하지 못했다.

"이 사람들이 스스로 하는 법을 배우도록

비켜주는 것이 어떨까?"

전환점

이 암울한 시기에 나는 가족의 안정감을 유지하기 위해 내가 할 수 있는 일을 다 하려고 애쓰며 동분서주했다. 입원 중인 존을 어떻게 도와야 할지 알지 못했고, 아이의 질병이 가족에게 미친 영향을 어떻게 다루어야 할지도 몰랐다. 상황의 심각성 때문에 내가 큰 실수를 저지르도록 용납할 수 없었고, 더는 내 판단력을 신뢰할 수도 없었다.

그래서 홀로 온갖 자료를 열심히 살펴보았고, 내가 손에 넣을 수 있는 자립 프로그램을 모두 검토해보았다. 그 모든 것이 새로운 정보를 단편적으로 제공하기는 했지만, 내가 다른 사람들과 관계하는 방식을 변화시키는 데 필요한 통찰은 정작 겉으로는 관련 없어 보이는 가정 내 여러 사건의 상호작용들을 통해 얻게 되었다.

아들의 병은 여러 가지로 내게 영향을 미쳤다. 무엇보다도 다른 모든 것을 거리를 두고 보게 되었다. 존의 병에 비하면 다른 문제들은 전부 사소하고 성가신 일이었고, 심지어 남편이 한 번씩 앓는 불안증과 우울증도 하찮아 보였다. 예전에는 스탠이 병을 앓을 때 이겨내도록 돕는 것이 내 삶의 가장 큰 싸움이었는데, 이제는 내 마음이 다른 상태에 빠져든 것이다. 오로지 존의 고통(아이는 너무나 큰 고통을 겪고 있었다)과 내 슬픔이 중요했다. 하지만 존이 병원에 입원해 있는 상태라 나는 판에 박힌 일상생활로 돌아갈 수밖에 없었다.

먼저 오래 미뤄둔 정원 손질과 집수리에 관심을 돌렸다. 수목 전문가를 불러서 나무좀을 없앨 약을 치려 했는데, 전문가는 나무들을 살펴보더니 앞마당에 있는 특히 우람한 소나무를 자르자고 제안했다. 아름다운 나무였지만 해충에 몹시 시달리고 있었다. 마침 집에 장작이 필요했기에 별생각 없이 버드와 그 애 친구들에게 나무를 자르라고 했다.

직장에서 돌아온 스탠이 쓰러진 나무를 보고 완전히

이성을 잃었다. 그는 미친 듯이 화를 냈다. 나무를 잘라내고 싶지 않았다는 것이다. 수목 전문가의 의견은 아랑곳하지 않고, 그는 자기가 나무를 구해낼 수 있었을 거라 믿었다. 그러고 나서는 예전에 나를 그 옆에서 무릎 꿇게 만들었던 행동을 보이기 시작했다. 나무가 베어졌다는 사실 때문에 우울증에 빠져든 것이다. 그는 완전히 정신이 나가서는 닥치는 대로 왔다 갔다 했고 위로받기를 거부했다. 내가 매우 잘 아는, 대학 시절부터 봤던 익숙한 행동 양식이었다. 그런 상태의 그를 셀 수 없이 보았다.

하지만 이번에는 뭔가 다른 점이 있었는데, 그것은 바로 나였다. 나는 아들 때문에 슬퍼하고 있었다. 존 말고는 어떤 생각도 할 수 없었고, 나무에 대해서는 눈곱만큼도 관심이 없었다. 남편을 쳐다보는데, 생전 처음으로 그의 모습이 애달픈 것이 아니라 바보처럼 보였다. 그 순간 화가 나기 시작했다. 아들이 아파서 병원에 입원해 있는데, 어떻게 나무 한 그루 때문에 이런 엄청난 소동을 벌인다는 말인가? 나는 화가 치밀어 오른 나머지, 남편을 동정하기는커녕 맹렬히 비난하기 시작했다.

내가 말한 두 가지가 스탠의 정곡을 찔렀다. 한 가지는 지금 그가 하는 행동이 꼭 버릇없는 어린애가 제멋대로 하지 못했을 때처럼 굴고 있다는 말이었다. 또 하나는 그가 자신을 이해받지 못하는 비극적 영웅으로 생각할지도 모르지만 이렇게 행동하는 것이 다른 사람들에게는 미친 사람으로 보일 뿐이라는 이야기였다.

존의 상태에 대해 나름대로 자아 성찰을 하던 차에 내가 이렇게 주장을 드러내고 달라진 태도를 보이자, 기적과 같은 일이 일어났다. 그의 태도가 당장 달라진 것이다.

용서할 수 없으리만치 잔인한 말을 퍼부었다고 생각했는데,
사실은 그를 도와주려고 노력한 긴 세월 중에서
처음으로 그를 '진짜' 도운 것이다.

이때 일어난 일이 얼마나 중요한지를 그 순간에는 실감하지 못했다. 아들을 잃을지도 모른다는 불안감으로, 아직 정신적 충격에서 벗어나지 못한 상태였기 때문이다.

그로부터 한 달이 지나지 않아 또 다른 위기가 스탠을

덮쳤다. 우리 집이 팔린 것이다. 가족 수가 점점 줄어들면서 침실이 다섯 개인 집을 파는 데 스탠도 동의했다. 우리는 4년 넘게 살아오며 이 집을 좋아했지만, 이제는 아이들의 대학 진학을 위해 돈이 필요했다.

스탠은 또다시 이사 트라우마에 빠져들었다. 과거의 나였다면 그의 기분을 맞춰주려고 무엇에나 동의했을 것이다. 그가 "이사 가고 싶지 않아"라고 말하면, "이사할 필요 없어. 당신이 원하는 대로 해나갈 방법을 찾아낼 수 있을 거야"라고 했을 것이다. 하지만 이제는 내가 수용할 수 없는 행위라고 여기는 행동의 첫 단계에 그가 들어서자, 나는 바로 반박했다.

"당신이 이 약속에서 벗어날 길은 없어. 우리는 돈이 필요하고 집은 필요하지 않잖아. 나는 취소하지 않을 거고, 당신이 취소한다면 용납하지 않겠어. 당신이 불안 발작을 일으키면 병원에 입원시키고 집을 팔 거야. 그러니 제대로 행동하고 거래를 방해하지 않는 편이 나을 거야."

내가 전례 없이 새로운 태도를 취하자 스탠은 집을 팔도록 도와주었고, 나중에는 자신이 그렇게 했다는 사실에 뿌듯해했다.

내가 가족들을 대하는 방식도 달라지기 시작했는데, 전보다 덜 참고 더 많이 요구했다. 하지만 내 어머니에게 무례하게 구는 존을 제지하기 전까지는 내가 어떻게 달라지고 있는지 깨닫지 못했다.

어머니는 당시 여든다섯으로, 몸은 노쇠하셨어도 정신은 초롱초롱하신 분이었다. 해마다 그렇듯 그해도 한 달을 우리와 함께 지내셨다. 그해에 유독 애로 사항이 많았는데, 퇴원해서 집에 돌아온 존의 행동을 예측하기 어려웠기 때문이다.

어느 날 존은 괴상한 독백을 시작하더니 할머니 앞에서 괘씸하기 짝이 없는 이야기를 늘어놓았다. 존이 환자이기는 하지만, 나는 다른 무엇보다도 내 어머니에 대한 존중심을 요구하는 보편적인 마음으로 존을 불러내 말했다.

"저분은 내 엄마야. 할머니 앞에서 다시는, 다시는, 이상하거나 불쾌한 말은 한 마디도 하지 마."

나는 그 애가 다른 사람들에 대한 피해망상적인 말을 횡설수설 늘어놓을 때마다 늘 귀를 기울였고, 합당한 논리로 그 망상에서 벗어나게 해주려고 애썼다. 하지만 이번 일만큼은 용납하지 않았고, 존도 그것을 알아차렸다. 이후로 어머니가 계시는 동안 존은 신중하고 공손하게 처신했다.

나는 존이 아프니까 제멋대로 굴도록 내버려두어야 한다는 생각이 잘못되었다는 것을 깨닫고는 또다시 놀랐다. 대개는 이 사실이 단순한 경험적 지식일지 모르지만, 능숙한 인에이블러였던 나에게는 강력한 통찰을 제공했다.

이 경우에 내 주된 관심사는 어머니였고, 존은 두 번째였다. 나는 존의 행동을 정당화하거나 아이의 병을 배려하려고 애쓰지 않고, 본능적으로 옳다고 느낀 일을 했을 뿐이다. 존에 대한 걱정 때문에 스탠의 부적절한 행동에 특별한 관심을 기울이지 못했듯이, 어머니에 대한 내 감정이 존의 병보다 더 중요했던 것이다. 두 번 모두 나는 인에이블러로서의 습관적 행위를 잊었고, 그 결과로 일어날 일이 자연스럽게 일어나도록 그냥 내버려두었다.

나는 스탠이 행복해지고 존이 공손하게 처신하도록 그들을 조종하려 애쓰지 않고도 그들이 행동하는 방식을 참아줄 마음이 없음을 정확히 알려주었다.

그들의 행동에 대한 책임의 부담을

그들에게 되돌려주는 과정이 시작된 것이다.

이런 일을 경험하면서 가족과 관련하여 나 자신을 보는 방식이 완전히 달라졌다. 관점이 근본적으로 바뀌자, 내가 반응하는 방식에도 놀라운 변화가 일어났다. 나는 더이상 스탠과 존의 보호자가 되어야 한다고 느끼지 않았다. 그들이 자신의 욕구를 스스로 해결하도록 내버려두면서 나를 짓누르던 일에서 벗어났다. 그것이 내가 우리 세 사람에게 줄 수 있는 최고의 선물이었다.

나의 이야기

사람은 여러 사건으로부터 영향을 받지만, 또 영향을 주기도 한다. 내가 아들과 남편의 행동을 지금까지 내버려두었고 어쩌면 뒷받침했다는 사실은 내 뇌리를 너무나 세게 강타했다. 그래서 지금까지는 그들을 면밀히 살피던 눈을 이제 나 자신에게로 돌렸다.

나는 남편과 아들에게 영향을 받았지만, 두 사람도 내게 영향을 받았다. 나는 두 사람의 병에 대해 알아낼 수 있는 것은 모두 배웠지만 내가 이 질병들을 촉진했을지 모른다거나, 가족 관계의 역학에서 내 역할도 질병에 해당할 수 있으리라는 생각은 단 한 번도 해보지 않았다.

앞서 언급한 대로, 개인의 책임이라는 개념은 상호의존적 사회에서 가장 중요한 것이다.

불행히도 나는

'스스로 책임지라'는 부분에만 초점을 맞춘 나머지

당연한 귀결인 '다른 사람들도 스스로 책임지게 하라'는

부분을 놓쳐버렸다.

인간 상호작용의 명백한 묵계를 나는 왜 지금까지 깨우치지 못했을까? 특정한 역할 모델이 너무 어린 시절에 내 머리에 각인된 나머지 다른 모델을 볼 수 없었던 걸까? 나의 자존감은 다른 사람들을 책임지는 데 달려 있었던 걸까?

이때쯤 어느 상담가가 내게 도움이 될 것이라며, 재닛 게링거 워이티츠의 책 『파탄 직전의 결혼Marriage on the Rocks』을 건넸다. 처음에는 제목을 보고 언짢았다. '온 더 록on the rocks'(이 표현은 '얼음을 넣은'이라는 뜻과 '파탄 직전의'라는 뜻을 동시에 가지고 있다. whisky on the rocks는 흔히 쓰이는 표현으로, 얼음을 넣은 위스키를 가리킨다—옮긴이)은 알코올을 암시했고, 내 결혼에 위기가 닥쳤다고 이야기하는 것 같아서 싫었다. 남편도 나도 술을 안 마셨다.

하지만 사람이 뭔가를 받아들일 준비가 되면 곧 어떤 일이 닥치는 모양이다. 그 책은 다른 책들과는 다른 방식으로 내 마음에 파고들었다. 알코올중독자의 아내에 대한 묘사는 마치 나를 그려낸 것 같았다. 술을 증오했고 우리가 성장한 가정과는 다른 가정을 이루겠다고 맹세했던 스탠과 내가 이 책 속에 묘사되어 있다니, 나는 도무지 믿을 수 없었다. 알코올을 멀리했음에도 우리는 알코올중독자와 똑같은 신경증적 양상을 보이고 있었다.

알코올중독자는 강박증과 화학적 문제를 가진 사람이다. 그 배우자는 달리 처신하는 방법을 배우지 않는 한 대체로 인에이블러가 된다. 남편이 술이나 약물을 복용하지 않았는데도 나 역시 인에이블러였다. 조장이란 알코올중독이나 우울증, 혹은 조병과 마찬가지로 심각한 고질병이다.

내가 태어날 때부터 인에이블러였던 것은 아니다. 하지만 어머니가 힘든 상황에 대처하는 방식을 지켜보면서 어느새 배우고 만 것이다. 알코올중독자가 있는 가정에서 자란 아이들이 대체로 그렇듯, 나는 기꺼이 가족을 돕고 순종하며 명랑한 아이가 되려고 노력했다. 내가 말썽을 부리면 이미 여러모로 스트레스를 받고 있는 가정에 더 짐이 될 뿐이라고 생각했다. 아버지가 술에 취할 때마다 불안해졌지만, 대개는 아버지가 가여워 보였고 어머니는 더욱더 가여웠다.

우리 가족은 끊임없이 괴로움을 겪는 듯했지만, 나는 어린 시절 내내 그런 고통에 반발하며 인생이 어떤 것인지를 배우고 있다고 믿었다. 부모님이 서로를 어떻게 대하는지, 그리고 자식들을 어떻게 키우는지 관찰했다. 부모님이 가정을 꾸려가는 방식이 마음에 들지 않았기에 나중에 부모님처럼은 가정을 꾸리지 않겠다고 나 자신과 약속했다. 좋은 점은 취하고 나쁜 점은 버리겠다고 계획했다. 하지만 나는 이미 부모님의 모델을 흡수했고, 어머니가 처신하는 방식의 많은 부분을 답습하리라는 사실을 그때는 알지 못했다.

유년 시절을 농장에서 보낸 것은 혼란스러운 상황이 닥칠 때마다, 즉 아버지가 술에 취했을 때마다 도움이 되었다. 내가 거치적거리지 않도록 피신할 곳이 몇 군데 있었던 것이다. 상황이 악화되지 않도록 오빠들과 언니들이 어머니를 도왔으므로 나는 멀리 떨어져서 관찰할 수 있었고, 아버지 같은 남성과는 절대로 결혼하지 않겠다고 늘 다짐했다. 어머니를 걱정했지만 어머니가 강인한 사람이라는 것을 알았다. 그는 조용하면서도 극기심이 강하고 강인했다. 부모님이 내 앞에 세워놓은 행동 패턴을 따르지 않기란 힘들었다. 어른이 된 지금도 어머니를 따라 하는 내 모습을 언뜻 마주할 때마다 정신이 번쩍 들고는 한다. 나도 모르는 사이에, 원하지 않았지만 어머니의 행동 특성과 상호작용하는 방식이 몸에 익은 것이다.

어린 시절을 돌이켜 보면 내가 어떻게 인에이블러가 되었는지를 어렵지 않게 알 수 있다. 어머니는 가족적이고 믿음직한 여성이었다. 아버지처럼 다정하지는 않았지만 한결같고 안정된 분이었다. 가족이 경제적으로 무척 힘든 시기가 여러 번 찾아왔을 때도, 어머니는 자식들에게 이 사실을 알리지 않으려고 늘 애쓰셨다. 심지어는 아버지에게도 숨기려고 하셨다. 어머니가 아버지를 위해서 현재 상황을 아무 탈 없이 유지하려 하셨기 때문에 아버지는 주기적으로 폭음에 빠지는 사치를 누릴 수 있었다. 어려운 시기에 어머니는 여섯 아이를 돌봐야 하는 엄청난 짐을 지고 사셨다. 아버지를 버리고 떠나는 위험을 무릅쓸 수는 없다고 느끼셨을 터다. 아버지가 휘청거릴 때 자신이 가정을 지키지 못하면 어떤 재난이 닥쳐올지 알 수 없다고 생각하셨을 것이다. 어머니는 자신과 아이들의 생존과 보호를 위한 일을 하신 것이다.

아버지가 책임을 회피할 수 있도록 편의를 도모하는 것도 어머니가 떠안은 짐의 커다란 부분이었다. 나는 엄마이자 아내가 되는 법을 어머니에게서 배웠다. 하지만 내 인생과 상황은 어머니 때와는 달랐다. 어머니의 극기심을 내 상황에서 모방하는 것은 무익했고, 내 가족에게는 해로웠다.

사회 또한 내가 태어난 순간부터 인에이블러가 되도록 조금씩 몰아갔다. 몇천 가지 미묘한 신호를 보내면서 여성으로서 가장 중요한 역할은 사람들의 기분을 맞춰주는 것이라 알려주었고, 그 역할은 내게 잘 맞았다. 이미 기분을 맞춰주는 데 익숙했기 때문이다. 다른 사람들의 편의를 도모해주면서 늘 내가 원하던 칭찬을 받았고, 내 상황을 어느 정도 통제할 수 있었다. 그래서 쉽사리 이를 올바른 접근으로 받아들였고, 심지어는 옳은 일이라고 독선적으로 생각하기도 했다.

하지만 사람을 어떤 특정한 방식으로 행동하게 하려면 외부적 요인에서 오는 압력 말고도 다른 것이 필요하다. 행동은 내적 욕구를 지속적으로 충족시켜야 한다. 나는 강하고 유능하며 통제력 있는 이미지를 종종 내보였지만 속으로는 불안정했다. 그런데 바로 이 불안정함이 내가 맡은 역할을 촉진시켰다.

나는 누군가가 나를 필요로 하기를 바랐다.
내 자존감은 거기에 달려 있었다.

그래서 무의식적으로, 어떤 때는 의식적으로 남들이 나를 필요로 하는 자리에 있으려고 내 삶의 상황을 조종했다.

사람들이 자존감을 세우기 위해 택하는 길은 많다. 대부분은 긍정적인 길이지만, 어떤 길에는 부정적인 요소가 있다. 어떤 일에 탁월해지는 것으로 자존감을 키우려 노력하는 방법은 칭찬받을 만하다. 탁월함을 이루지 못할 때, 사람들은 대개 사회와 직장의 조직 체계에 자리를 잡고 편안하게 적응한다. 하지만 어떤 사람들은 자신에게 가장 잘 맞는 곳에서도 편안해하지 못하고, 옆에 있는 사람보다 더 나아 보이려고 애쓰는 데 몰두한다. '옆에 있는 사람보다 더 낫게' 보이려는 그 태도가 문제를 일으킬 수 있다. 앞지른다는 것은 대개 다른 사람을 뒤로 밀친다는 뜻인 경우가 아주 많다.

인생의 어느 시점에서든 부정적인 자존감 때문에 고충을 겪지 않는 사람은 거의 없다. 사회구조에 적응해야 하는 과정에서 그런 문제가 발생한다. 그렇지만 대부분의 인에이블러는 너무나 자신만만하고 무엇이든 할 수 있는 것처럼 보이기에 그들의 자존감 결핍은 겉으로 잘 드러나지 않는다.

괴로워하는 사람을 친구나 배우자로 선택하는 사람들은 자아 존중감이 낮아서일 수도 있다. 그들은 자신의 자존감을 높이기 위해 인에이블러와 의존자 관계를 찾는 것이다. 그런 관계는 비록 고민거리가 잔뜩 쌓여 있을 때가 종종 있지만, 확고하고 상호 보완적인 안정감을 발전시킬 수 있다. 하지만 인에이블러가 원래 목표로 삼았듯이 의존자를 돕는 데 정말로 성공한다면, 그들의 관계는 오히려 약해져서 두 사람 다 관계의 위태로움을 느끼게 될 수 있다. 그들의 유대를 지속하기 위해 인에이블러는 의존자를 계속 허약하고 무력한 사람으로 취급하고, 의존자는 계속 그런 상태를 유지하려 애쓰면서 그들은 때로 의도치 않게 서로의 진전을 방해한다.

인에이블러의 파괴적인 지지의 이면에는 어떤 자백이 숨어 있다. 파트너가 아예 없는 것보다는 나약한 파트너라도 있는 것이 낫다는 것이다. 그러므로 강인한 인에이블러는 나약한 의존자가 실제로 성공해서 더는 자신을 필요로 하지 않거나 원하지 않을까 봐 두려워한다. 인에이블러들은 의존자에게 실질적인 필요성이 있기 때문에 자신을 원하는 거라고 생각한다. 무의식적으로 그들은 의존자의 약점을 계속 유지시킴으로써 역으로 의존자에게 매달리는 것이다.

나는 나를 필요로 하는 멋진 청년, 스탠과 결혼했다. 하지만 스탠이 사회생활을 시작하면서 문제를 일으키는 대신 성공을 누리기 시작했을 때, 내 자존감은 곤두박질쳤다. 나는 남편의 존중을 받을 자격이 있다고 느끼기 위해 인에이블러가 되어야 했는데, 더는 그에게 인에이블러가 필요하지 않았다. 그는 아이들과 나를 부양하기 위해 전일제로 유능하게 일했다. 대학원 과정을 마치면서 동시에 연구소에서 괜찮은 수입을 얻었다. 또한 그는 어떤 음악 그룹에 참여해 시간과 재능을 쏟았다. 스탠은 나를, 참된 나를 원했지만, 나는 그런 건강하고 동등한 관계의 본보기를 본 적이 없었다. 그래서 질투심을 느꼈고 그를 잃을까 봐 두려웠다. 그렇게 되자 나는 나를 필요로 하는 다른 의존자를 찾으려고 아이들에게로 관심을 돌렸다. 내가 첫 번째 의존자를 잃었기 때문에 아이들은 전보다 두 배로 과잉보호를 받게 되었다.

나중에 스탠은 전형적인 중년의 위기를 거치며 또다시 우울증에 빠져 다시 나에게 돌아왔다. 그는 스트레스를 받을 때면 나를 세상에서 가장 중요한 사람처럼 느끼게 해주었다. 그의 우울증이 일으킨 두려움과 공포 속에서도 나는 우리가 단단하게 묶여 있다고 다시금 느꼈다.

내 어린 시절의 가족 사이에서, 그리고 내가 일군 가족 사이에서 내가 어떠한 인물이었는지 정확하게 검토하는 일은 내 태도를 평가하는 중요한 시작이었다. 내 목을 죄는 조장 행위를 끊어내려면 숭고하고 완벽한 조력자라는 변장을 벗고 나 자신을 바라볼 필요가 있었다.

나는 나에게
정직한가

존의 병으로 충격을 받은 후, 나는 내가 남편과 아이들과 관계 맺는 방식에 있어서, 어딘가 미묘하지만 정직하지 않은 부분이 있었다는 걸 깨달았다. 내가 나 자신을 속이려 들었던 것보다 가족을 더 속이려 들지는 않았다. 틀림없이 가족보다는 스스로를 더 효과적으로 속였을 것이다. 하지만 속이려 들었다는 사실만으로도 결국 꿰뚫기 어려운 장벽이 세워졌다.

내가 때로 얼마나 불안하게 느끼는지, 아내이자 엄마로서 내 임무가 얼마나 부적합하다고 느끼는지를 남편과 아이들에게 정직하게 알려주지 않아서 오히려 가족에게 해를 입혔다. 나는 나에 대한 자신이 없었기 때문에 내가 옳아야 한다고 느꼈다.

옳아야 한다는 원칙은 매우 음험한 태도이고, 반드시 이겨야 하는 전쟁에 휘말리게 만든다. 나는 소통하기 위해 노력하겠다는 목적을 갖고 시작하지만, 어찌 된 일인지 결국에는 승리를 위한 투쟁에 휩쓸리고 만다.

그릇된 것을 내키지 않아 하는 마음은 벽을 세웠고, 그 벽에는 가족들이 손을 내밀어도 내게 닿을 수 있는 구멍이 없었다. 오래지 않아 아이들은 손 내밀기를 그만두었다.

때로 아이들이 내 조언이나 위안을 바랐지만, 내가 자기들을 이해하지 못하리라고 느꼈기 때문에 다가오기를 주저했다는 것을 알고 있다. 내가 그럴싸하게 꾸몄듯이 아이들이 만약 엄마가 오로지 고결한 생각과 순수한 경험만 가지고 있다 믿었다면, 내게 자신들을 이해할 만한 기반이 없다고 느꼈더라도 놀라운 일은 아니다. 아이들은 이해받지 못하는 수준을 넘어 고민거리가 있다고 하면 비난을 받을지도 모른다고 생각했다.

많은 아이가 그렇듯이

내 아이들도 자기 부모가 대단히 강하고

절대로 실수를 저지르지 않을 사람이라는

비현실적 이미지를 키워갔다.

겉으로 전지전능해 보이는 어른에게 다가갈 때 아이들은 너무나 상처받기 쉽고 두려운 감정에 짓눌려 있기 때문에 자신의 고민거리를 털어놓을까 말까 망설인다.

정직성의 문제에서 낮은 자존감의 문제가 다시 그 추악한 고개를 든다. 대부분의 기만이 자기 체면을 살리려는 노력의 결과라는 사실은 조금만 파헤쳐도 드러나게 되어 있다. 사람들은 실제 자신과 다른 모습이거나 더 나은 모습으로 보이려고 다른 사람들에게 잘못된 정보를 전하는 일에 매우 능숙하다. 숨은 의도는 이렇다.

"네가 진짜 정보를 안다면 나는 너에게서 원하는 것을 얻어낼 수 없을 거야."

"네가 나를 정말로 안다면 형편없다고 생각할 거야."

"내가 얼마나 무능한지 안다면 너는 그 일자리를 다른 사람에게 줄 거야."

자격이 없는 사람들은 자기 자리를 지키기 위해서 진

실이든 거짓이든 옳은 대답을 해야 한다고 느낀다. 속으로는 자신이 그 자리를 차지할 자격이 없다고 믿으면서 말이다.

자존감이 높은 사람들은 스스로를 뿌듯하게 생각하므로 가면을 써야 할 필요성을 느끼지 않는다. 혹시 실수를 저지르더라도 자존감이 있으므로 실수를 인정한다. 누구나 실수를 저지른다는 것을 알기 때문이다. 그들의 자존감은 자신이 옳았던 수많은 경우가 아니라, 자신이 있는 그대로의 모습으로 사랑받고 존중받는다는 느낌에서 생겨난다. 거절당할까 봐 지나치게 겁을 내고 그 두려움에 굴복하는 사람은 정직하고 올곧은 삶을 이끌어갈 수 없다. 그들에게는 자기 모습을 있는 그대로 드러내고 자신이 진정으로 느끼는 바를 말할 수 있는 솔직함이 없다.

인에이블러는 비난이나 분노 혹은 거절이 두려워서 자기 생각과 욕망을 비밀로 유지하는 습관을 기른다. 그렇기 때문에 대립과 폭로를 몹시 싫어하고 두려워하는 것은 당연한 일이다.

조장하는 습관을 고치려면 인에이블러는 자신이 생각

하고 느끼는 바를 반드시 정직하게 말해야 한다. 깊은 신뢰를 받는 상담가만이 자존감이 낮은 사람에게 솔직한 생각을 털어놓아도 괜찮다고 설득할 수 있고, 또 이런 일은 종종 있다. 하지만 전문가에게도 매우 힘든 일이다.

나무 벌목 사건 이후, 나는 남편에게 모든 일에 더욱 솔직하게 마음을 털어놓기 시작했다. 몇 년 동안 묻어두었던 감정도 털어놓았다. 그랬더니 더없이 경이로운 안도감이 밀려왔다. 나 자신이 정직한 사람이 된 것이다. 하지만 가장 놀라운 사실은 내가 그에게 말한 것 가운데 그가 모르고 있던 부분이 없다는 사실이었다. 나는 남편을 보호하는 일보다는 나 자신을 속이는 일을 훨씬 더 잘 해낸 모양이다.

**한 친구는 '소통'이라는 단어를 써야 할 때
'자기 속을 꺼내놓는다'라고 말한다.**

이 표현은 '소통'이라는 단어를 둘러싼 진부한 의미가 담겨 있지 않아서 마음에 든다.

인에이블러들은 자기 속을 꺼내놓는 일에 관해 자신들

의 상호의존자에게서 많은 것을 배울 수 있다. 스탠은 자기만의 멜로드라마에 휩싸일 때마다 '모든 것을 속속들이' 드러냈다. 나는 입을 앙다물고 저글링하는 사람처럼 상황을 숨기는 데 전념했다. 내 감정과 생각을 혼자 간직하는 데 능숙했다. 내가 그리 완벽하지 않은 사람이라는 사실을 들키고 싶지 않았다. 또한 가족들의 결함이 노출되지 않도록 그들이 처한 상황을 교묘히 조종하려고도 했다. 가족들의 결함이 내게 부정적 평가를 가져올 거라고 느꼈다. 지금 생각해보면 겉으로는 스탠과 존이 나보다 더 결함이 많아 보였을지 모르지만, 적어도 훨씬 더 정직했다.

솔직하고 개방적인 소통을 하려면 높은 자존감과 어느 정도의 용기가 필요한데, 인에이블러는 그 어느 것도 가지고 있지 않다. 자신이 오해를 일으키고 있음을 잘 알면서도 오해를 받는다고 분노를 드러낼 것이다. 누구든 그릇된 신호를 받은 결과로 그릇된 추정을 하면 다른 사람들을 배려하며 영리하게 반응할 수 없다. 인에이블러가 자기 생각을 드러내지 않으려 하면서 다른 사람들이 자신을 오해했다고 책임을 묻는다면, 이는 부당한 일이다.

어떤 인에이블러들은 거절을 너무나 두려워한 나머지 제삼자의 협조를 얻어 사정을 살피려 한다. 제삼자는 솔직하게 의사소통을 해도 괜찮은지를 판단한다. 그렇게 직접 대화하기를 거부하는 두 사람 사이에 아무 의심도 없던 친구나 가족이 종종 끼어들게 된다. 둘이서 대화할 만한 용기가 없는 부모가 아이를 중재자로 여긴다면 특히 불행한 일이다. 사람은 누구나 중재자가 되기도 하고 중재자를 써보기도 한다.

법률 체계는 중재자를 통해 기능한다. 중재자가 자신의 입지를 다지는 동안 인에이블러와 의존자는 매우 친밀한 관계를 이룬다. 하지만 관련된 두 사람이 서로 솔직하고 직설적으로 의사소통을 하지 않는 한, 사랑하며 지지하는 관계로 절대 나아갈 수 없다.

마음을 터놓고 솔직하게 말하는 것은 배우자나 자녀들, 친구들에게 줄 수 있는 순수하고도 멋진 선물이다. 자신의 모습을 있는 그대로 보여주려면 다른 사람들에게 스스로 알려주는 수밖에 없다.

유감스럽게도 마음을 터놓는 것이 늘 쌍방 간에 이루

어지지는 않는다. 한쪽에서 정직하고 올곧은 관계를 이어가려 해도 기만과 조작으로 응답받을 수 있다. 하지만 이미 확립된 상호작용의 패턴을 바꾸려면 누군가는 앞장서서 먼저 마음을 터놓고 진솔하게 말하기 시작해야 한다.

진실을 말하기는 어렵지만

진실을 듣는 것도 못지않게 어려울 수 있다.

하지만 진정한 존중과 배려심을 가지고 진실을 말한다면, 그 친절한 마음이 두 사람의 성장을 위한 토대가 될 수 있다.

정직한 관계가 형성되어 있지 않을 때 배우자와 솔직하게 대화하려면 매우 두려울 것이다. 배우자가 진실을 받아들이기 힘들어하거나, 혹은 더 고약하게도 배우자가 여러분에 대한 (알고 싶지 않은) 진실을 말할 수도 있기 때문이다. 여러분은 마음을 터놓고 진실을 말해야 하듯이 마음을 열고 진실을 들어야 한다.

여기서 바람직한 일은 솔직하고 개방적으로 말하다 보

면 그것이 습관이 될 수 있다는 것이다. 내가 솔직하게 이야기하면 사람들은 일반적으로 솔직하게 반응하며 답하고, 예전에는 내 옆에서 말조심하던 사람들이 자기 마음을 솔직히 털어놓는다는 사실을 알게 되었다. 완벽하지 않고 틀릴 수 있어도, 그것이 예전처럼 나를 무가치하다고 느끼게 하지 않는다. 지금은 오히려 틀릴 수 있다는 사실이 다른 사람들과 나를 연결해주는 가장 강력한 고리라는 사실을 알고 있다.

두려움을 극복하면 정직해지는 길이 열리고, 정직해지면 실제로 두려움을 극복하는 데 도움이 된다. 자신의 행동에 대한 용기와 믿음이 있어야 자신이 생각하는 바를 비판 없이 말할 수 있고, 그 말이 호의적으로 받아들여지기를 바랄 수 있다.

나는 자기방어적인 거짓에 다시는 빠져들지 않도록 끊임없이 스스로를 감시한다. 개인의 책임과 정직함에 초점을 맞춰 살아가는 삶의 중요성에 대해 생각할 때마다 새로운 생활 방식에 다시 전념하게 된다.

책임은
선택하는 자의 몫이다

자기 인생을 엉망진창으로 만드는 사람들이 수도 없이 많다는 점을 생각해보면, 인생을 어렵게 만드는 것은 간단하지만 인생을 간단하게 만드는 것은 어려워 보인다.

운 좋은 사람들은 다른 사람과 접촉하면서 대체로 지지와 보살핌을 받아왔기 때문에 기본적으로 자신이 사랑받고 존중받으며 가치 있다고 느낀다. 이들은 자유롭게 시간과 힘, 지능을 사용해 일하고 만족감을 얻을 만한 온갖 일에 참여한다. 어떤 속임수도 곁들이지 않고 자유롭게 사랑하고 사랑받을 수 있기에 이들의 관계는 개방적이고 단순하다.

불행히도 모든 사람이 자연스럽게 행복한 삶을 살아갈 수 있는 최상의 조건을 누리는 것은 아니다. 어쨌든 사람은 자신에게 주어진 신체적, 정신적 특성과 어린 시절의 환경을 받아들일 수밖에 없다. 부모가 다른 사람이었기를 바라거나 지금 키보다 더 크거나 작기를 또는 더 영리하기를 바랄 수는 있겠지만, 사람은 현재 있는 그대로의 자신일 뿐이다. 발 크기를 선택할 수도 없고, 이사를 가기로 결정한 곳의 이웃들을 선택할 수도 없다.

사람이 스스로 바꾸거나 통제할 수 있는 것은
오로지 주어진 상황에 반응하는 방식뿐이다.

현실을 보자면, 대부분의 사람은 자기가 가지고 있는 선천적인 특성과 그것이 잘 발현될 수 있는 넉넉한 지원 요건을 다 갖추고 태어나지 못한다. 하지만 성장하는 과정에서 완벽하지 못한 자신의 상황과 타협하게 된다. 일찌감치 자신의 개별적 상황에 적응하면서 있는 그대로 자신을 차차 받아들이는 것이다. 자신에게 가장 잘 맞는 것이 무엇인지를 배우고 나름의 생존 전략을 계발한다. 사람은 누구나 이런 '적응 경로'를 걷는다. 인에이블러가 길 한복판을 가로막지 않더라도 자신의 독자적이고 독특한 길을 따라 여행하기란 다분히 힘들다.

과거에는 종종 도와주려는 마음에 내가 아이들의 일을 대신하고 싶어 했다. 아이들의 인생을 애들 자신보다 내가 더 잘 처리할 수 있다고 믿었다. 실은 내가 아이들의 정체성을 부정하고 있다는 건 꿈에도 생각하지 못했다. 정체성이라는 감각은 각종 경험을 통해 자신이 누구인지를 발견하면서 생겨난다. 그리고 자존감은 자신이 가진 자질을 계발하면서 생겨나는 감정이다. 나는 아이들의 정체성을 빼앗았을 뿐 아니라 자존감을 조금씩 깎아내리고 있었다.

언젠가 스탠과 니나와 함께 상담을 받을 때였다. 니나는 특히 힘든 시기를 겪고 있었는데, 나는 딸이 더 행복해지도록 도와줄 수 없어서 무척 안타깝다고 말했다. 그러자 상담가가 나를 쳐다보더니 이렇게 물었다.

"딸의 행복이 당신 책임인가요?"

나는 대답을 곧바로 하지 못하고 더듬거렸다. 그러자 상담가는 니나를 쳐다보며 물었다.

"너를 행복하게 해주는 것이 엄마의 의무라 생각하니?"

니나는 "물론 아니죠"라고 대답했다. 니나의 행복을 책임지는 것이 내 임무라고 생각하는 사람이 나뿐이라는 사실에 깜짝 놀랐다. 어쩌면 그런 태도는 부모님의 기분을 좋게 해드릴 의무가 있다고 느끼던 어린 시절부터 이어진 것일지 모른다. 행복하지 않은 누군가가 눈에 띄면, 내가 그를 위해 무언가 할 수 있으리라 느끼고는 했다.

내가 책임감을 느낀 것은 단지 행복에 관해서만은 아니다. 나는 남편과 아이들의 인생에 관련된 모든 일에 책임을 느꼈다. 가족이 도와달라고 소리치면(심지어 소리를 지르지 않더라도) 나는 벌떡 일어나 구조에 나섰고 그들의 문제를 그들의 손에서 낚아챘다.

많은 사건을 겪은 후에야 나는 내가 아이들의 의무를 떠맡음으로써 아이들이 자신에게 가장 적합한 길을 찾지 못하도록 방해했다는 사실을 명료하게 깨달았다. 내게 가장 효과적인 방법이 아이들에게는 전혀 효과적이지 않을 수 있다는 것을 몰랐다. 아이들이 사는 세상은 내 세상과 전혀 달랐다.

책임은 선택하는 자의 몫이다

나는 늘 니나를 매우 영리하지만 부주의한 아이라고 생각했다. 꿈같은 환상 속에 살면서 일상의 재미없는 부분에는 관심을 거의 기울이지 않는 듯 보였기 때문이다. 그래서 니나가 크는 동안 아이의 생활에서 실제적인 부분을 항상 보살펴주었다. 니나가 알아차리지 못하는 일상적인 문제들을 내가 다 처리해줄 수 있다고 믿었다. 그래서 니나가 대학 때문에 보스턴으로 떠났을 때, 걱정이 태산 같았다. 버스는 제대로 탈지, 살아갈 집을 얻을 수 있을지, 돈 관리는 어떻게 할지, 이런 일상의 생존을 위한 세세한 일들이 걱정되었다. 그런데 막상 니나를 찾아갔을 때 아주 잘 해내고 있는 모습을 보고는 무척 놀랐다. 공부를 잘하고 있을 뿐 아니라 아파트도 얻고 시간제 일도 하고 있었다.

　내가 보스턴에 머무는 동안 우리는 기차를 타고 뉴욕에 가기로 했다. 기차역에 도착하자 니나는 기차 시간을 확인하러 갔다. 게시판을 보며 아이가 너무 어리둥절한 표정을 짓고 있길래 나는 게시판을 읽어주려고(이해시켜주려고) 아이 옆으로 갔다. 그러고는 니나에게 처음 도시에 왔을 때는 어떻게 해냈느냐고 물었다. 니나는 대답했다.

"엄마, 엄마가 옆에 없을 때는 내가 잘 알아낼 수 있어. 그런데 엄마가 옆에 있을 때는 엄마가 훨씬 효율적으로 하는 것 같으니까 엄마가 하도록 내버려두는 거야."

니나는 내가 옆에 있으면 자신이 무능하게 느껴진다고 고백했다. 이 말을 듣고 나는 큰 상처를 입었다! 다른 부모들도 그렇듯이 나는 내 아이들이 스스로를 자신만만하고 유능하다고 느끼며 성장하기를 바랐다. 그런데 오히려 내가 바깥세상의 고충거리에서 딸을 보호하려고 애쓰며 오랜 날들을 보내온 것이다.

딸을 한 사람으로부터 지켜주지 못했는데,

그 사람이 바로 나였다.

스탠은 내가 아이들에게 늘 인에이블러적으로 행동하는 것을 알고 있었다. 그는 내가 너무 관대하고 많은 것을 해준다고 느꼈다. 그가 아이에 대해 비판적인 말을 할 때마다 나는 나서서 아이들을 변호했다. 물론 자식들이 아빠에 대해 험담을 하면 남편을 옹호했다. 아이들과 남편을 각자에게서 보호하는 식이었다.

스탠은 아이들이 마땅히 져야 할 책임을 다하지 않는다고 염려했다. 그가 이런 이야기를 할 때마다 나는 마치 내가 공격받는 듯이 반응했고, 그래서 그는 의견을 더 밀고 나가지 않았다. 스탠은 내가 선의를 품고 행동하는 다정한 엄마라 믿었고 더는 문제 삼지 않았다. 그는 내가 '조장하는enabling 엄마'라는 사실은 인식하면서도 '조장하는 아내'이기도 하다는 것은 인식하지 못했다.

나는 아이들에게 여러 면에서 방해가 되는 존재였다. 집안일은 잘 분배해주었지만 끝까지 밀어붙이는 데에는 서툴렀다. 아이가 "나중에 할게요"라 말하고는 나중에 하지 않으면 내가 직접 했다. 아이들이 맡은 일이 불편하거나 힘들거나 다른 계획에 지장을 주면 나는 그 일을 취소했다. 그렇게 하는 편이 친절하고, 너그럽고, 훨씬 수월해 보였다. 아이들은 바쁘게 생활했고, 나는 집안이 잘 돌아가도록 하는 것이 결국 내 일이라 생각했다. 아이들의 분주한 생활에도 변함없는 책임감과 노력이 포함되어야 한다는 사실을 이제는 알고 있다.

당시 하버드대학교의 연구원 조지 발리언트와 캐럴라인 발리언트가 발표한 연구 결과를 읽었으면 좋았을 것이다. 연구에서는 아이가 성인이 되었을 때의 정신 건강을 예측하는 데 사회적 지위, 가족 문제, 지능보다도 일하려는 의지와 능력이 가장 중요한 요인이라는 사실을 밝혀냈다.

스탠은 여러 해 동안 여러 방식으로 이런 이야기를 해 왔지만, 그때마다 나는 이것이 엄마로서 나의 자녀 양육에 대한 비판이라 받아들였다. 그는 사람들은 무언가를 성취해야 자신에 대해 만족감을 느낄 수 있다고 주장했는데, 나는 그 주장을 받아들이기 힘들었다. 스탠은 성취의 노예였지만 스스로에 대해 만족감을 느끼지 못하는 사람의 아주 좋은 예였기 때문이다. 고되게 일하려는 스탠의 추진력과 능력이 그의 자존감에 꼭 필요한 부분이었음을 이제는 이해한다.

대부분의 아이들이 성인이 되기 전에 습관처럼 익히는 어른의 기술을, 내 아이들이 성인 단계에서 배우려면 얼마나 어려울지 알고 있다. 자신이 직면한 난관을 처리하는 자기만의 방법을 개발할 수 없었던 아이들은 부적절한 부모를 둔 아이들과 마찬가지로 자기 인생을 살아갈 준비가 되지 않은 것이다.

어떤 고난이나 장애를 겪든 간에 사람들은 그것에 대처할 자기 나름의 개인적 수단을 개발할 기회를 얻어야 한다. 역경이 닥쳤다고 해서 책임을 떨쳐버려도 되는 것은 아니다. 다리를 쓸 수 없게 된 사람은 휠체어 사용법을 익혀야 한다. 장애가 자신의 가능성을 발전시키지 않을 타당한 이유가 되지는 않기 때문이다. 그들도 다른 사람들이 할 수 있는 많은 활동을 배울 수 있다. 알코올중독자들은 중독에 빠지기 쉽지만, 그래도 첫잔을 마실지 말지는 선택할 수 있다. 지속적인 우울 증세에 시달리는 사람들은 계속 절망을 느낄 수 있지만, 침대에 그대로 누워 있을지 말지는 그들의 선택이다. 모든 것은 그들의 문제이고, 그 문제를 다루기 위한 자신의 전략을 개발해야 하는 사람들도 바로 그들 자신이다.

인에이블러들이 걷지 못하는 사람을 위해 모든 일을 대신 해주고, 알코올중독자를 뒷바라지하고, 침대에서 일어나기를 거부하는 사람을 위해 하인 노릇을 한다면, 의존자들은 인생에서 자신의 운명에 대처하기 위한 수단을 개발하기 어려워진다. 의존자들에게 그들의 인에이블러들은 극복해야 할 또 다른 장애물, 어쩌면 가장 큰 장애물이 되어버린다.

스탠의 우울증은 현대사회에서 비교적 흔한 병이다. 우울증 성향이 있다는 것은 그의 인생에서 고려하고, 이해하고, 수용해야 할 한 가지 요인이지, 결정을 내리는 책임을 면제하기 위한 구실로 삼아서는 안 되었다. 내 자녀들을 포함해서 모든 사람이 그렇듯 스탠도 자기 성향을 받아들이고 인정해야 했고, 자신의 삶이 현실 세계와 조화를 이루도록 필요한 조정을 해야 했다.

나는 스탠의 우울증을 완화하지 못해 큰 좌절감을 느꼈지만, 결국에는 그의 우울증을 다루는 것이 내 일이 아니라 스탠 자신의 일임을 깨달았다. 내가 어떻게 하든 그가 받아들일 준비가 되지 않은 감정을 느끼게 만들 수는 없었다. 그가 어떤 일을 할 때는 자기 나름의 이유가 있어서였지, 내 나름의 이유 때문이 아니었다. 내게는 아들의 병이나 남편의 우울증을 통제할 능력이 없었다.

결국에 나는 가족 구성원 각각이 독자적이고, 매우 상이한 개인이고, 나를 연장한 존재가 아니라는 사실을 받아들여야 했다.

그들은 내가 선택한 대로가 아니라

자신이 선택한 대로 살 권리가 있다.

내가 스스로 자립하고 나 자신의 욕구를 충족시키면서 오히려 내 가족의 삶이 향상되었다니, 신기한 모순이 아닐 수 없다.

조장하는 사람들

조장하는 상황은 남편과 아내, 부모와 자식, 친구, 애인, 교사와 학생, 고용주와 고용인, 정부와 유권자 등 세상에 가능한 관계 형태만큼이나 무한하고 다양하다. 조장 행위는 남녀노소 할 것 없이 누구든 괴롭히고, 모든 경계를 넘나드는 행동 패턴이다.

도움을 요구하는 다른 이들을 책임지는 위치에 있는 사람들은 언제나 조장하는 상황에 휘말려들 위험에 노출되어 있다. 여성들은 타고나기도 하는 모성과 가족을 보살피는 주부의 역할 때문에 특히 더 위험에 빠지기 쉽다. 고령이거나 장애가 있는 사람을 지원하고 돌보는 사람이라면 누구나 위험에 처한다. 꼭 필요한 도움과 조장하는 도움 사이의 경계선은 종종 알아차리기가 어렵다. 여기서 중요한 시험대는 상호의존성interdependence과 조장-의존성enabling-dependence을 가르는 경계선을 넘지 않는 것이다.

무심하고 느긋하게 인생 경로를 걸어가는 동안에는 인에이블러가 되지 않는다. 나약하고 의존적인 사람들에게 걸려들지도 않는다. 그렇다면 인에이블러로 하여금 다른 사람의 짐을 기꺼이 떠맡게 만드는 요인은 대체 무엇일까? 앞서 언급했듯이 인에이블러를 만들어내는 요인은 복합적이다.

우선 어린이를 협조적인 성인이 되도록 사회화하는 과정에서 남들의 기분을 맞춰주는 사람으로 성장하게 만드는 경우가 종종 있다. 아이들은 어른이 시키는 대로 하고, 명령을 따를 때 보상을 받는다. 어린이가 아동기의 위험과 강요에 대처할 수 있는 몇 가지 방법 중 하나는 '기분을 맞춰주는 것'이다. 다른 사람들에게 굴복함으로써 보상과 안정감을 지속해서 보장받는다면, 이런 반응 방식이 강화되어 어른이 되어서도 조장하는 습관으로 유지될 수 있다. 보통 착한 어린이로 간주되는 아이들은 다른 사람의 뜻에 따르면 늘 인정을 받지는 못해도 처벌을 면하는 데는 도움이 된다는 것을 배운 아이들이다.

마찬가지로 여성들 중에서도 자기 삶을 통제할 직접적인 힘이 거의 없는 경우에 종속적인 입장에 처할 수 있다. 남성의 편의를 도모해주는 일은 자기 생존에 필요할 뿐 아니라, 전통적인 성 역할을 뒤엎지 않으면서도 통제할 수단을 얻게 해주기 때문이다.

인에이블러들이 조장 행위를 통해 얻는 보상은 그들이 떠맡는 고충이나 부가적인 일보다 훨씬 크다. 그렇지 않다면 그들은 조장하려 들지 않을 것이다.

다른 사람의 책임을 떠맡을 수 있는 개개인은 대단히 훌륭해 보인다. 모두의 격려를 받으면서 자존감을 높이는 이런 사람들은 온 세상에 자신의 탁월한 이타심과 능력을 보여줄 기회를 가지고 있다. 이런 이유로 인에이블러들은 도덕적이고 정의롭기 위해 노력하며 겉으로 보기에 훌륭한 자질을 많이 드러낸다. 열심히 일하고, 참을성 강하고, 유능하고, 용감하고, 강인하고, 희생적이고, 지혜롭고, 융통성 있고, 너그럽고, 다정하다. 그들의 많은 덕목은 평범하게 살아가는 사람들의 입을 틀어막을 만하다.

내 말은 이런 특성이 소중하지 않다거나 가치 없다는 뜻이 아니라, 어떻게 적용되는지를 잘 살펴보아야 한다는 의미다. 이러한 덕목들에는 각각 어두운 면이 있다. 어느 한 사람의 능력이 지나치게 부풀려지면 다른 사람은 자신을 무능하게 느낄 수 있다. 용서를 받으면 죄책감이 생길 수 있다. 친절한 배려를 받으면 그에 대해 고마워하는 마음을 가져야 한다. 너그럽게 용인해주면 종종 남용을 부추기게 된다. 융통성을 발휘하다 보면 넘지 말아야 할 선까지 없앨 수도 있고, 한쪽이 강인하면 상대방의 의존을 허용하게 된다.

사회는 이처럼 도움을 주는 특성을 의심 없이 존중하라 가르치지만, 이런 특성을 비판적으로 검토해보면 그리 경탄스럽지 않은 숨겨진 면모의 일부가 드러난다. 인에이블러가 되거나 남들의 기분을 맞춰주는 사람, 또는 도와주는 사람이 되겠다는 결정은 고결해지려는 진지한 욕구와는 사실 거의 관계가 없을 수도 있다.

고결한 성품을 유지하는 것은 인에이블러의 자존감에

필수적이다. 하지만 그러려면 온갖 종류의 희생을 해야 할 수도 있다. 인에이블러는 타인과 정직하게 관계 맺지 않기 때문에 정상적인 의견 교환이 이루어지지 않는다. 종종 자신의 분노를 삼켜야 하며 사적인 욕구를 무시하거나 억눌러야 한다. 의존자가 인에이블러를 학대한다면 그 수모와 상처가 뒤섞여 계속 곪아간다. 이처럼 인에이블러의 모습은 놀랍게도 성인 같은 순교자와 피해자, 슈퍼 히어로가 뒤섞여 있어서 혼란스럽기 그지없다.

내가 다른 사람들, 특히 가까운 사람들과 관계 맺는 방식을 의식하게 되었을 때, 나 같은 인에이블러가 또 있는지 찾아보려고 주위를 둘러보기 시작했다. 그런데 나의 제한된 시점으로 조장하는 관계에만 집중했는데도 미처 상상하지 못한 많은 경우를 보게 되었다. 다른 사람들이 상호작용하는 방식을 관찰해보니 대단히 흥미로운 사실이 드러났다.

남편의 비서 낸시는 인에이블러임이 뚜렷하게 드러나는 사람이었다. 스물네 살인 낸시의 아들 팀은 어찌 된 영문인지 해마다 적어도 한 번은 감옥에 간다. 낸시의 말로는 중죄를 저질러서가 아니라 단지 하찮은 법규 위반으로 감옥에 간다고 한다. 낸시는 경찰들에게 매우 분개하는데, 그는 경찰들이 팀에게 반감을 품고 있다고 믿는다. 그리고 거듭 아들의 보석금을 낸다.

가장 최근에 팀이 구속될 뻔한 사태에 대해 스탠이 말해주었을 때, 나는 팀보다는 낸시에게 화가 나기 시작했다. 팀이 감옥에 들어가고 싶지 않다면 배워야 할 교훈을 배우지 못하도록 오히려 낸시가 끊임없이 방해하고 있었다. 친구, 직장 상사, 상담가, 조금 안면이 있는 지인 모두가 팀이 감옥에서 죗값을 치르도록 내버려두라고 조언해왔다. 하지만 낸시는 도저히 그렇게 할 수 없었다.

팀 같은 사람들이 무가치한 생활 방식을 유지할 수 있는 이유는 그런 생활 방식이 가져올 당연한 결과에서 보호받았기 때문이다. 그들은 스스로 만들어낸 엉망진창인 사태를 해결해줄 다른 사람에게 쉽게 의존한다. 자신이 경험한 세상살이로 판단하건대, 이 세상이 늘 자신의 편의를 도모해줄 거라고 믿는 것이다.

자기 행동에 적응하는 배우자를 만난 알코올중독자는 조금도 달라지지 않고도 평생을 살아갈 수 있다. 이들은 강하고 유능한 사람이 옆에서 모든 것을 유지해주고, 자기 일을 대신 처리해주고, 알코올중독으로 인한 여러 불이익으로부터 자신을 보호해주리라 기대한다. 알코올중독자는 자신을 무관심한 세상의 희생자라고 믿지만, 실은 지나치게 보호받는 세상의 피해자다.

너저분한 성격에도 상을 준다면 내 친구 조의 자녀들은 상을 받고도 남을 것이다. 아이들은 자동차를 수리하고는 집 안으로 그냥 걸어 들어가 기름 묻은 신발을 카펫 위에 벗어놓고, 온몸이 먼지투성이인데도 아무렇지 않게 소파에 앉는다. 또 부엌에 들어가 우유를 컵에 넘칠 정도로 따르고는 그걸 들고 줄줄 흘리면서 계단을 올라가 자기 침실로 들어간다. 조는 참을성 있게 자식들 뒤를 따라다니며 엉망인 상태를 원래대로 되돌려놓으려 애쓴다. 가족의 하인 노릇 하기를 개의치 않는다. 조는 가족들을 너그럽게 대하는 것이 자기 의무라 생각하고, 눈앞에 닥친 상황을 우아하게 받아들임으로써 보상을 받는다. 고결한 명분을 위해 순교하는 것이 성인이 되는 지름길이라고 믿는다. 그 고결한 명분은 가족의 안위다. 그래서 부엌 식탁에 앉아 아이들이 집 안을 엉망진창으로 만드는 모습을 보면서 도넛 한 개를 더 먹고 1파운드를 더 살찌운다.

의존자의 일을 떠맡는 사람은 부지런할 수밖에 없다. 집과 아이들을 돌보고, 가정의 사무적인 일을 처리하며 의존자의 욕구와 욕망을 보살필 뿐만 아니라, 때로는 혼자서 그들을 금전적으로 지원하기도 한다. 인에이블러로서 두 사람이나 세 사람, 어쩌면 그 이상의 역할을 하는 것이다.

내가 자주 찾는 식당에서 일하는 노르마는 바라보고 있으면 즐거우면서도 안쓰러운 인물이다. 그는 지칠 줄 모르고 일하는 사람 같다. 식당 일이 조금 한가할 때는 시간을 내서 자기 가족의 파란만장한 대소사 가운데 최근에 일어난 사건을 내게 이야기해준다.

노르마는 집에 돌아가면 청소를 하고 손주들을 돌본다. 그의 딸은 태평하게도 사교 생활을 활발히 즐기고, '자신을 발견하려고' 세상으로 나간 손자는 이따금 신속히 돈을 보내달라고 요청한다. 게다가 남편은 취직과 실직을 밥 먹듯이 하므로 노르마는 집안 살림살이를 최대한 효율적으로 맞춰가기 위해 끊임없이 애쓴다. 그 모든 짐을 왜 혼자 짊어지느냐고 물어보았더니 노르마는 이렇게 대답했다. "그럼 어쩌겠어요?"

간혹 인에이블러들은 다른 사람의 편의에 맞춰주다가 신체적 학대를 당하는 지경에 이르기도 한다. 아내를 샌드백 삼아 구타하는 남편에게, 조장하는 아내는 강인한 여성이 아닐 수 없다. 거듭거듭 타박상을 입으면서도 구타를 당하러 돌아가는 여성은 강인해야만 한다. 구타를 당하려면 용기가 필요하다. 한밤중에 태만한 남편을 찾으러 위험을 무릅쓰고 이웃의 여러 술집을 찾아다니는 데에도 용기가 필요하다. 다음 날 남편의 상사에게 남편이 '감기에 걸렸다'고 거짓말하는 일에도 용기가 필요하다.

자신에게 가장 소중한 협력자가 되어야 하는 이 '용기'는
다른 사람의 악덕과 나약함을 부추기기보다는
'자기 자신을 지키는 데' 써야 한다.

의존적인 관계는 얼핏 보면 쉽게 오해할 수 있다. 사람들은 겉으로 드러나는 단서를 보고 인에이블러가 안정감 있고, 지혜롭고, 훌륭한 판단력을 지닌 사람이라고 믿는다. 의존자의 능력은 미심쩍어 보인다. 하지만 남들이 자신을 소처럼 부리도록 내버려두는 사람이 지혜로운 인간이라고 간주되는 것은 아이러니하다. 인에이블러들이 지혜로워서 모든 문제의 답을 안다면, 어째서 의존자들은 그리 쉽게 인에이블러들을 마음대로 부려먹는 것일까? 일꾼이나 샌드백, 혹은 어수룩한 봉이나 호구가 되는 게 영리한 일인가?

최근에 어느 노신사와 사업적 거래를 하게 되었는데, 그분은 거래하는 동안 자기 사업의 미래에 대한 걱정을 털어놓았다. 가족 사이에서 늘 본인만이 사업을 흑자로 유지할 만큼 머리가 좋다고 여겨져왔다는 것이다. 그래서 회사의 결정 과정에 다른 사람을 포함시킨 적이 없었다. 은퇴하고 싶지만 그럴 수도 없었다. 그분이 가장 현명하고 훌륭한 판단력을 갖고 있으니 지위를 유지해야 한다고 온 가족이 주장했기 때문이다. 그러는 동안 그의 가족은 아주 안락하고 태평하게 살아왔다. 온 세상 사람이 그 신사를 훌륭한 분별력을 지닌 사람으로 볼지 모르겠지만, 내가 볼 때는 그의 가족이 한 수 위로 보였다.

어린 시절 우리 가족에게 늘 일어났지만 최근 들어서야 그 의미를 이해하게 된 일이 있다. 저녁으로 닭고기를 먹을 때면 어머니는 항상 목 부위를 고르셨다. 그때는 어머니가 그 부위를 좋아해서 그런 줄 알았다. 그런데 최근 어머니와 저녁을 먹는데, 무의식적으로 닭 목을 어머니 접시에 놓았다가 어머니가 닭 목을 끔찍하게 싫어한다고 솔직하게 말씀하시길래 깜짝 놀랐다.

닭 목을 선택한 것은 어머니가 자신을 희생하는 행위였다. 그것은 우리 가족의 온갖 상호 관계를 상징했다. 어떤 물건을 나누든 어떤 일을 분배하든 간에 어머니는 언제나 목, 즉 가장 실속 없는 부분을 고르셨고, 자신이 헌신적으로 행동한다고 생각하셨다. 사실 어머니는 평생 맨 마지막으로 선택하셨다. 순서가 맨 마지막이라도 똑같은 기회를 얻을 수 있어야 한다.

나는 친구들 몇몇과 주기적으로 저녁 식사를 같이한다.

물론 여러 사람이 모여서 식사를 하려면 어디서 먹을지를 결정해야 한다. 베스는 늘 어디서 식사를 하든지 상관없다고 말한다. 그래서 나머지 사람들이 번갈아가며 자기가 좋아하는 식당을 고른다. 베스는 너무나 순응적이라서 선택하는 재미를 다른 사람에게 양도하고, 결국 자기가 가고 싶은 식당에 가지 못한다. 그렇게 행동하는 베스가 좋은 사람이기는 해도, 전혀 그럴 필요는 없다.

이 세상에서 사람들은 타협할 수도 있고, 타협해야 할 때도 많다. 하지만 타협은 다른 사람들의 욕구에 끊임없이 순응하는 것이 아니다. 이런 행동은 자기 의견이 중요하지 않다고 생각하는 사람을 더욱 무시하게 만들고, 자기 의견이 중요하다고 생각하는 사람들의 자기중심적 성향을 더욱 키운다. 다른 사람들에게 늘 순응하는 것이 자기 자신과 다른 사람들에게 친절을 베푸는 것은 아니다.

조장하는 상황이 어떠하든 간에 여러분이 인에이블러에게 "당신은 왜 당신 가족을 위해 보살피고 도와주고 싸워주는 사람이 되려고 짐을 떠맡나요?"라고 물으면, 인에이블러는 당신이 사랑의 의미를 모른다는 듯이 쳐다볼 것이다. 그런 질문 자체가 그들에게는 모욕이다. 질문에 대한 답이 너무나 명확해서 누구든 그런 질문을 한다는 것을 상상도 하지 못한다. 사랑하기 때문에 그들은 자신을 필요로 하는 사람을 위해 무슨 일이든 기꺼이 할 것이다. 인에이블러는 사랑의 강력한 보호막을 가족과 친구들에게 덧씌우는데, 자신이 그들을 질식시키고 있을 가능성은 전혀 인지하지 못한다.

하지만 분명 사랑에도 어두운 면이 있다.

직장 동료 헬렌은 서른두 살의 매력적인 딸 제니와 함께 산다. 헬렌은 제니 때문에 살아간다. 모녀와 함께 어울려 본 사람은 헬렌이 딸을 얼마나 깊이 사랑하는지 알 수 있다. 늘 제니를 데리고 여행을 가고, 옷과 사치품을 사주고, 가능한 모든 방법으로 자신의 사랑을 보여준다.

헬렌은 매우 행복해한다. 반면 제니의 눈에는 미묘하게 절망적인 기색이 어려 있다. 제니는 엄마가 애지중지하는 장난감인 셈이다. 제니는 엄마가 베풀어준 혜택과 선물에 너무 큰 은혜를 입은 나머지 엄마를 떠날 수 없다. 헬렌이 제니의 절망적인 기색을 보지도, 느끼지도 못하는 모습을 보며 나는 진정한 사랑의 본질이 무엇인지 다시 생각하게 되었다.

헬렌은 자기 딸에게 모든 것을 주겠지만

제니가 정말로 원하는 것,

자유와 독립만은 주지 못할 테니까.

사람은 자신의 불안감과 두려움으로 방해받지 않아야 다른 사람에 대한 자신의 사랑을 더욱 정확히 평가할 수 있다. 누군가를 놓아주려면 마음이 아플 것이다. 그렇지만 그 사람의 눈을 정직하게 바라보면서 "나와 함께하든 그렇지 않든 네가 할 수 있는 모든 것, 최상의 존재가 되기를 바란다"고 말할 수 있다면 당신의 사랑은 진정한 것이다.

내 남편의 친구 레이는 자기 아들들을 매우 사랑하고 그들을 위해서 무엇이든 하려 한다. 그런데 정작 자신의 불안감이 아이들에게 심각한 피해를 주고 있다는 사실은 모른다. 레이는 능력이 많은 사람이라 배관 작업이든 가계부 쓰기든 거의 모든 일을 할 수 있다.

그가 집안의 잡다한 일에 관해 아들들과 나눈 대화를 들려줄 때는 늘 두 가지 주제가 드러난다. 한 가지는 자신이 아이들을 위해 모든 일을 해야 한다는 불평이고, 다른 하나는 아이들이 간단한 일을 하면서도 저지르는 어리석은 실수에 대한 비웃음이다. 결국 레이는 늘 애들이 망쳐놓은 일을 대신 마무리지어야 할 처지에 놓인다.

한번은 레이가 아이들에게 자동차 수리에 대해 조언하는 모습을 본 적이 있다. 수리하기 전과 수리 중에, 그리고 수리가 끝난 후에도 그는 그 일을 어떻게 더 효율적으로, 다른 방식으로 더 효과적으로 할 수 있는지 날카롭게 지적했다. 아이들이 하는 일에 끼어들지 않도록 자제심을 발휘할 수 없는 듯했다. 레이가 왜 결국 집안일을 전부 다 하게 되는지 외부 관찰자들은 잘 알 수 있다. 나는 그의 두 아들을 아는데, 아이들은 아빠가 늘 다른 해결책을 제안하기 때문에 자존감에 큰 상처를 입고 있었다.

결국 아빠는 도와준다는 구실로

자식들이 스스로 무능하다고 느끼도록 만들었을 뿐이다.

인에이블러의 가장 큰 덕목은 용서하는 것이다. '실수는 인간의 일이고 용서는 신의 일이다'라는 속담이 있다. 인에이블러와 의존자가 갈등을 빚을 때, 어느 쪽이 인간이고 어느 쪽이 신이 되는지는 쉽게 짐작할 수 있다. 상처를 받은 인에이블러는 이런 진부한 속담을 떠올리면서 위안을 얻고 우쭐해하며 자부심을 느낀다. 그들은 용서하는 척하면서('척한다'고 말하는 이유는 인에이블러들은 진실한 용서를 할 수 없기 때문이다) 의존자에게 평생 겁을 먹을 만큼 죄의식을 듬뿍 쌓아줄 수 있다.

어머니가 언제나 아버지를 호의적으로 받아들이는 모습을 보고, 나는 어머니가 아버지를 거듭 용서한 줄 알았다. 하지만 지금 생각해보면 어머니는 아버지가 돌아가신 후에야 진심으로 아버지를 용서하신 것 같다. 만일 정말로 용서하셨다면 말이다.

환상 속의 내가
지금의 나를 갉아먹는다

어린 시절, 내 눈에 어머니는 언제나 완벽해 보였다. 어른이 된 지금은 어머니가 다만 주어진 상황에서 최선을 다하신 좋은 분이었다는 것을 안다. 하지만 내 어린 시절 속 어머니는 다가오는 모든 역경에 최상의 힘을 가지고 맞서는 듯 보였다. 나도 어머니처럼 어떤 문제든지 똑같이 완벽하게, 그리고 강인하게 헤쳐나갈 수 있으리라 믿었다. 아니, 솔직히 말하면 내 인생에는 아무 문제도 없을 거라고 믿었다.

어른이 되면 모든 것을 가질 생각이었다. 일에서의 성공, 나를 사랑하는 남편, 똑똑한 아이들, 교외에 있는 복층 저택, 변함없는 건강, 이 모든 것이 가능할 거라 믿었다.

이런 순진한 믿음은 많은 아이가 간직하는 소망과 그

리 다르지 않다. 젊은이들은 완벽한 삶을 살 수 있다고 흔히 상상한다. 하지만 이런 공상이 성장을 가로막는, 꿰뚫을 수 없는 장애물이 되는 경우가 허다하다.

인생을 현실적으로 바라보라는 충고를 받는 아이들은 많지 않다. 높은 기준을 세우거나 가치 있는 일을 위해 노력해야 한다고 말하려는 것이 아니다. 평범한 인생에는 아무 문제도 없을 거라는 비현실적 기대감에 대해 말하는 것이다. 나의 세대는 정숙한 여성, 다정한 아내와 어머니를 이상적인 모범으로 받아들였다. 요즘 젊은 세대는 아마도 다른 종류의 완벽함을 상상할 테지만, 이들도 어른의 삶을 직면할 준비가 되어 있지 않다는 점에서는 내 세대와 별다를 바가 없다. 다만 서로 다른 미로에서 헤매고 있을 뿐이다. 요즘 젊은이들은 어릴 때부터 진행이 빠르고 다양한 색채가 펼쳐지는 영상 매체를 보면서 성장해왔다. 이런 매체는 사람들이 아름답고 날씬하며, 코카콜라 광고에서 보이듯 재미있고 흥미진진한 삶을 살아간다고 그려낸다. 이제 성공한 여성의 모범적인 사례는 사교 생활을 바쁘게 이어가면서 동시에 직장 생활을 멋지게 해내는 사람이다.

사회의 기술혁신으로 인해 세상을 바라볼 새로운 창문이 생겨났고, 사람들은 모든 분야에서 가장 뛰어난 것을 볼 수 있다. 오늘날의 문화는 예술, 과학, 정치, 운동에서 탁월한 사람을 우상화한다. 사람들은 이들을 터무니없이 높게 받들어 모시고, 그들의 특별한 재능과 매력을 개인적인 가치와 동일시한다. 하지만 이렇게 특출한 미모와 특별한 재능을 가진 사람을 끊임없이 바라보노라면 대부분의 젊은이는 자신이 지극히 부적합한 존재라고 느끼게 된다.

요즘 세대는 각종 미디어가 생산해내는 환상의 세계에서 매일같이 쏟아내는, 아름답고 부유한 사람들을 보면서 여드름, 치아 교정기, 안짱다리, 비만, 그리고 미숙한 능력을 가지고 힘들게 살아간다. 사회는 젊은 여성은 모두 아름다워야 하고, 젊은 남성은 모두 영웅이어야 하며, 늙는 것은 보기 흉하다는 생각을 조성한다. 이런 사회에서 자존감이 엄청나게 중요한 문제라는 점을 의아하게 여길 사람이 있을까?

대단히 많은 사람이 순탄하지 못한 가정에서 성장하며 가중된 불운을 겪어왔다. 이들의 부모는 자녀들의 자존감을 키워주려고 적극적으로 노력하지 않을 뿐 아니라, 실은 자녀들의 열등감을 키워주고 있다. 인간이 자기 자신을 가치 있는 개인으로 받아들이려면 인생에 관한 현실적 관점을 갖고 있어야 한다. 믿을 수 없는 기준에 자신을 맞출 수 있는 사람은 없다. 언제까지나 젊고 활기차고 너그럽고 재기가 반짝이는 사람이 과연 존재할까?

완벽한 삶을 살며 뛰어난 엄마와 아내가 되리라는 내 어린 시절 믿음에 대한 집착은 바람직한 결혼 생활을 영위하고 좋은 부모가 되는 데 오히려 장애가 되었다.

일상적인 가족 관계에서
내가 상상하던 그림에 맞지 않는 일이 일어날 때마다
내게는 그것이 실패로 보였다.

우리 가족의 현실이 내가 순진하게 상상하던 모범적인 그림과 멀어질수록 나는 점점 자존감을 잃어갔다. 완벽한 가정을 꾸릴 수 있을 거라는 믿음은 잘못된 것이었다. 내가 그리던 환상을 현실에서 실현하지 못하자 스스로를 무능하다고 느꼈다.

　인에이블러와 의존자의 관계에서 가장 중요한 요인은 바로 '낮은 자존감'이다. 어떤 이유에서든 자신이 무가치하다고 느끼는 사람은 인간의 삶에 관해 현실적인 관점을 길러야 한다.

　조장 행위의 중심에 낮은 자존감이 자리 잡고 있으므로, 인에이블러들은 자기 마음의 어두운 구석을 파고들어가 스스로에 대해 느끼는 감정과 믿음을 살펴볼 필요가 있다. 자신이 변화시키고 싶은 행위의 원천이 무엇인지를 알아내야 한다.

　낮은 자존감과 조장 행위의 관련성을 이해하고 싶다면 다시 남편 친구 레이를 생각해보자. 그는 자신의 전문적인 조언 없이 아들들이 그들 나름대로 무언가를 완수하도록 온전히 내버려둘 수 없었다. 레이가 스스로 전문가임을 주장한다는 사실은 그의 대단한 전문 지식을 돋보이게 하기보다는 낮은 자존감을 드러낸다.

　그의 아버지는 일흔이 넘었지만 아직도 그가 어렸을 때 저지른 어리석은 일을 이야기하며 껄껄 웃으신다. 그분

환상 속의 내가 지금의 나를 갉아먹는다

은 레이를 미숙한 멍청이로 취급한다. 그래서 레이는 이 노이로제를 자기 아들들에게 전하고 있고, 아이들은 다시 자기 자식들에게 전할 테고, 이 행위는 끝도 없이 이어질 것이다. 누군가 통찰력과 용기를 갖고 악순환의 고리를 끊지 않는 한, 이 상황은 무한히 지속될 수도 있다.

레이가 본인이 아이들과 상호작용하는 방식을 충분히 거리를 두고 객관적으로 볼 수 있다면, 자신이 인에이블러로서 어떤 영향을 미치고 있는지를 이해하게 되리라고 믿는다. 그러면 왜 자신이 항상 우월함을 과시하려는 욕구를 느끼는지 알아낼 수 있을 것이다. 그는 자신의 낮은 자존감을 인정하고, 그 근원을 찾아내야 한다. 그러고 나면 아이들이 스스로 유능하고 독립적이라고 느끼도록 배우게 내버려둘 수 있고, 각자의 자존감을 발전시키고 향상시키는데 유익한 일을 시작할 수 있으리라. 레이가 진정으로 원하는 것은 오로지 스스로에 대해 뿌듯하게 생각하고 자신이 유능하다는 사실을 자식들에게 증명하는 것이다. 왜냐하면 자기 아버지에게는 증명할 수 없었기 때문이다.

인에이블러들이 스스로 무가치하다는 감정을 느끼게

만드는 여러 요인을 명확히 분석해보면, 그런 감정 대부분이 자신과 마찬가지로 스스로를 무가치하다고 느낀 사람들의 조작 결과로 생겨났음을 알게 될 것이다. 인에이블러들은 이미 습득한 부정적 자아상을 바꾸고, 이와 더불어 이상적 삶에 대한 기만적 신화도 바꿔나가는 법을 배워야 한다. 현실적 기대와 실제적 가능성에 바탕을 둔 삶을 살아가기 시작하면, 실제 삶이 어린 시절의 환상보다 훨씬 더 보람 있다는 것을 알게 될 것이다.

환상 속의 내가 지금의 나를 갉아먹는다

고인 연못에서
빠져나와 강으로

삶은 흘러가는 강에 종종 비유되고는 하는데, 그 물길이 시간이 흘러감에 따라 변화하는 인생과 닮았기 때문이다. 사람들은 끊임없이 나아가기도 하고 굽은 곳을 돌기도 하며, 필요에 따라 좁아졌다가 가능할 때는 넓어지기도 하면서 미지의 목적지를 향해 늘 변화하는 항로를 따라 돌진한다. 하지만 물결이 밀려왔다 쓸려가듯 인생이 지속적으로 변화하는데도 친숙한 것에 너무나 고집스럽게 집착하는 사람들이 많다. 그들의 인생은 고여 있는 연못 같다는 비유가 더 적합하다.

인생의 물길을 따라 흘러가는 사람과 고여 있는 사람의 가장 큰 차이점은 변화에 적응하는 능력이다. 변함없는 확고한 방식으로 인생을 살아가는 사람들은 자기 행동 방식을 방해하는 사건이 일어나면 엄청난 충격을 받는다. 자신의 인생에서 변화를 강요하는 사건과 맞닥뜨렸을 때, 이들은 달라진 상황을 통제하는 데 온 힘을 집중하지 않는다. 오히려 현재의 상황을 안정시키고 보호하려고 싸우면서 힘을 써버린다. 자신이 지금까지 해온 일들이 보존할 가치가 있는지 확신할 수 없더라도 그것을 구해내려 노력한다.

변화할 수 있는 능력과 기꺼이 변화하려는 의지는 더욱 활기차고 흥미로운 삶을 사는 데 중요한 요소다. 펜실베이니아 주립대학의 심리학 교수 K. 워너 샤이에는 성인 2000명을 대상으로 변화에 적응하는 능력과 정신적 민감도 간의 관계를 조사했다. 연구 결과에 따르면, 연장자들 중에서 더 유연한 생활 방식으로 살아가고 쉽게 적응하는 사람들, 즉 판에 박힌 일상을 변화시키고 새로운 활동을 추가하는 데 개방적인 사람들의 정신적 민감도가 더 높았다. 따라서 상황 변화에 잘 적응하지 못하는 사람들은 지적 능력을 잃어버릴 가능성이 가장 크다는 결론이 나왔다.

변화란 불가피하다. 변화란 삶에서 예상할 수 있는 유일한 상수이기도 하다. 변화에 잘 적응하고 잘 활용할수록 인생은 더 풍부하고 흥미진진해진다. 이런 관점에서 보면, 사람들이 변화를 피하려고 그토록 큰 힘을 낭비한다는 것은 놀라운 일이다.

인생에서 얻을 수 있는 가장 좋은 것들은

종종 일상의 많은 부분을 바쳐서라도 피하려고 노력했던

'변화'에서 오고는 한다.

거부하며 싸우든 기꺼이 받아들이든, 변화는 일어난다. '지나간 옛것'을 그리워하며 괴로워하거나 '현재 얻을 수 있는 것'을 환영하거나, 그것은 '선택의 문제'다.

인에이블러들은 조장 행위를 그만두겠다고 선택할 수 있다. 하지만 능숙한 인에이블러들은 외적 요인이나 사건으로 인해 의존자를 빼앗기더라도 조장하는 일을 포기하지 않는다. 그들은 자신감이 없는 다음 대기자에게로 관심을 옮길 뿐이다. 그 빈자리를 기꺼이 채워줄 다른 사람이 없으면, 그 자리가 찰 때까지 인에이블러로서의 숙련된 기술을 잠시 유보하고 휴식을 취한다.

조장 행위를 포기하려면 의존자를 집에서 내보내는 것 이상의 조치가 필요하다. 인에이블러는 다른 사람들, 특히 의존적 역할에 쉽게 빠져들 수 있는 사람과 상호작용하는 방식을 바꾸겠다고 의식적으로 결정해야 한다.

다른 사람들의 의존성을 부추기지 않겠다고 의식적으로 결정하려면 진정으로 매달려야 할 필요가 있다. 일단 스스로 인에이블러라는 사실을 인정하고 다른 사람을 조장하지 않겠다고 결심한다면, 고인 연못에서 빠져나와 강으로 뛰어들어야 한다. 이제는 움직이고, 유연해지고, 성장하고, 변화할 때가 되었다.

조장하는 습관을 버리려면

첫째, 인에이블러임을 인정하고

둘째, 책임을 시인하고

셋째, 조장 행위를 끝내도록 헌신해야 한다.

첫째, 인에이블러임을 인정하기.

변화를 가로막는 가장 큰 장애물은 자신이 변화해야 할 부분이 있다는 사실을 믿지 않거나 받아들이려 하지 않는 것이다. 그러므로 변화를 위한 기본적인 바탕은 변화가 필요하다는 깨달음일 수밖에 없다. 이런 깨달음은 좋든 싫든 어느 정도의 책임감을 일깨운다. 사람들이 어떤 문제든 직시하는 것을 달가워하지 않거나 두려워하는 이유는 일반적으로 행동해야 할 의무를 지고 싶지 않기 때문이다.

물론 인에이블러에게 자신을 객관적으로 바라보도록 강요할 방법은 없다. 당사자가 조장하고 있다는 사실을 인정하지 않는다면, 음주 문제가 있음을 인정하지 않는 알코올중독자의 경우가 그렇듯 그들을 도와줄 길이 없다. 하지만 인에이블러가 자기의 활약상을 공정하게 보게 된다면 조장 행위를 멈추어야 한다고 느낄 것이다.

변화를 위해 애쓰는 것은 무엇보다도 스스로 인에이블러라는 사실을 알아차리는 첫 단계를 밟은 경우에만 가능하다. 자신이 인에이블러라는 사실을 깨달은 사람은 의도적으로 노력을 기울이지 않아도 조금씩 변화하기 시작한다. 이런 인식만으로도 변화가 일어날 것이다. 인에이블러와 의존자 관계를 새롭게 인식하게 되고, 자신들이 그 관계에 공모해왔음을 더는 부정할 수 없게 된다. 예전 같으면 의존자를 어리석다고 생각했겠지만 이제는 자신이 더 바보 같다고 느끼게 될 것이다.

둘째, 책임을 시인하기.

자신이 인에이블러임을 인정하는 것과 그 사실을 숨김없이 털어놓고 논의하는 것은 전혀 다른 문제다. 그리고 무엇보다 인에이블러와 의존자의 행위를 폭로하는 것이야말로 새로운 상호작용 방식을 시작하는 결정적 단계라 할 수 있다. 인에이블러와 의존자 행위 모두에 이목을 집중시키면 양쪽 다 예전처럼 행동하는 데 지장을 받는다. 일이 틀어진 것이다. 일단 관련 당사자들이 상황을 인식하고 나면, 그 상황은 힘을 잃게 된다.

책임을 시인하는 첫 단계는 의존자와 대화를 시작하여 인에이블러와 의존자의 역학 관계에서 발생하는 문제를 정확히 진술하고 인정하는 것이다. 비록 작을지 몰라도 이런 행동 하나만으로도 의존자가 앞으로 반응하는 방식에 변화가 일어날 것이다. 그러면 인에이블러는 의존자의 반응에 다르게 반응하고, 의존자로 하여금 달리 대응하도록 만들 수 있느냐 하는 시험대에 오르게 된다. 이처럼 전진하는 변화는 지금까지와는 다른 형태의 상호작용을 만들어낸다. 인에이블러는 평소의 작용 방식을 떨쳐냄으로써 더욱 새롭고 더욱 직접적인 형태의 상호 관계로 나아가는 길을 열 수 있다.

셋째, 조장 행위를 끝내도록 헌신하기.

손바닥에 땀이 나게 하고 심장을 두근거리게 할 수 있다는 점에서 '헌신'이라는 단어는 '변화'라는 단어 못지않다. 이 두 단어가 합쳐지면 강력한 저항을 일으킬 수 있다. 변화는 누구에게나 스트레스를 준다. 더구나 헌신하기로 마음을 먹으면 변함없는 일관성, 즉 한결같이 충실하게 행동하겠다는 약속을 하게 되는 셈이다. 따라서 변화를 일으키는 데 헌신하는 것은 의미가 불분명한 이중의 위협이 될 수 있다. 변화에 헌신하기로 하면 인생에 대해서, 그리고 자신에 대해서 아직 알지 못하는 진실을 추구해야 하는 의무를 지게 된다. 이 이중의 도전 때문에 인에이블러는 변화를 원해야 한다. 조장하는 습관을 깨뜨리는 데 효과적인 기법이 많지만, 조장 행위를 끝내기 위해 근본적으로 헌신하지 않는 한 그 기법들은 모두 소용이 없다.

헌신한다는 것은 매우 진지한 개념이다. 사회가 헌신의 개념을 아주 무시무시하게 만들어버린 것은 유감스러운 일이다. 단어 자체가 부담스러운 짐burden과 동의어가 되어버렸다.

자신과 사랑하는 사람들에게
더 큰 충족감을 가져다줄 어떤 목표에 자신을 바치는 일은
생명을 죽이는 것이 아니라 생명을 주는 일이다.

여러분이 인에이블러와 의존자의 관계를 그만두고 상호 협력적인 관계를 맺겠다고 결심할 때, 즐거운 도전으로 접근해야지, 하기 싫은 따분한 일로 여겨서는 안 된다. 변화는 매우 신나는 경험일 수 있고 새로운 흥분을 일으킬 수도 있다.

사람들이 헌신을 두려워하는 까닭은 특히 변화에 헌신한다는 의미일 때를 생각하면 이해하기 쉽다. 새로운 일, 돌이킬 수 없는 일을 시작하면 어떤 일이 벌어질지 알지 못한다. 좋든 나쁘든 현재는 이미 알고 있고, 이미 알고 있는 것은 확실하다. 벌써 그것에 적응했기 때문이다.

알코올중독자의 아내는 남편이 저녁마다 정신을 못 차리고 소파에 늘어져 있으리라는 사실을 확실히 안다. 남편이 제대로 역할을 수행한다면 무엇을 할지 어떻게 알겠는가? 그는 저녁 시간을 보내는 좀 더 창의적인 방법을 생각해낼 수도 있고, 그 생각에서 아내는 배제될지도 모른다. 그런 가능성이 매우 위협적이기에 자신의 상황이 비참하더라도 아무것도 안 하는 편이 더 안전하다고 느낄 수 있는 것이다.

아내가 사회생활에 서툴다고 비웃는 남편은 아내가 자기 팔에 매달리고 사교적인 모임에 어울리지 못해서 짜증이 날지 모르지만, 아내가 절대로 자신에게서 멀리 떨어져 나가지 않으리라는 사실을 안다. 아내가 자신의 자아상을 개선한다면 남편은 아내의 사교적 접촉을 더는 통제할 수 없게 된다. 아내에게 친구 모임이라도 생기면 남편은 아내의 정절을 불안해하기도 한다.

당신이 다른 사람들로 하여금 당신을 필요로 하게 만드는 부분이 아닌 다른 요소에 입각한 삶을 개발하도록 이끈다면, 그 결과로 그들에게 어떤 일이 일어나든 기꺼이 직시해야 한다. 자신에 대한 믿음을 가져야 하고, 어떤 상황에서든, 의존자가 있든 없든 스스로 보람 있는 인생을 창조할 능력이 있다고 믿어야 한다.

당신이 맺은 관계에서 어떤 변화의 결과로 무슨 일이 일어나든 기꺼이 받아들이려는 의지가 있으면 변화하려는 용기가 생긴다. 인간이 자신의 일을 다 하고 나면 하늘이 제 역할을 할 것이라고 신뢰하면 되는 문제다.

다행히도 우리는 온 인생을 단번에 살아야 하는 것이 아니다. 한 번에 하루를 살면 된다.

헌신하려고 씨름하는 것도 이런 방식으로 하루씩 해

나가면 된다. 일단 어떤 방식으로 살아가고 싶은지 결정을 내리고 나면 실천할 기회는 충분히 있다. 매일매일이 다음 날을 위한 연습이다. 걱정해야 할 것은 오로지 순간의 결정에 책임을 지는 것뿐이다. 순간순간을 살면서 자기가 그 순간을 지배한다면 인생에서 오랫동안 지속될 극적인 변화를 일으킬 수 있다. 인생을 살아가면서 해야 할 일은 방향을 아주 조금만 바꾸겠다고 약속한 후 그 길을 묵묵히 따르는 것이다. 그러다 보면 전과 다른 더 건강한 목적지에 다다르게 된다.

변화는 평생 지속되는 과정이기 때문에 내가 도입한 새로운 훈련들(179쪽 참고)이 내면의 성장을 촉발시키리라 생각했고, 실제로도 그러했다. 특정한 목적지에 도달하려고 노력한 것은 아니었다. 사람들과 관계를 맺는 다른 방식을 개발하려고 했을 뿐이다.

두려움을 마주하다

인에이블러들은 조장 행위를 그만두겠다고 약속하는 순간, 사사로운 공포의 한복판에 곧바로 발을 들여놓게 된다. 자기 행동 방식을 바꾸면 어떤 관계가 끝날 가능성이 실제로 존재하기 때문이다. 인에이블러들은 다른 사람에게 있는 악마를 단호히 직시하고 악마로부터 상대를 보호하기 위해 손에 칼을 들고 싸울 수 있는 투사들이지만, 자신에게 있는 악마를 직시할 때는 온몸이 마비되어 한 발도 내딛지 못한다.

개인적 자존감의 문제는 너무나 깊고 미묘하고 바라보기 무서워서 사람들은 대부분 어떤 관계를 잃어버릴 두려움에 직면할 때 자존감을 문제의 한 가지 요인으로 인정하지 않는다.

사람들은 보통 자기 가치를 의심하면

주위 사람들과 이루는 강한 유대에 대한 믿음을 잃는다.

가족들 간의 이상적인 유대는 사랑과 존경, 공유하는 목표를 기반으로 형성된다. 가족의 사랑을 받을 자격이 없다고 느끼면 그들의 원조를 잃을까 걱정하게 될 수 있다. 그러므로 가족들이 자신과 함께 있는 이유가 사랑해서인지 아니면 필요해서인지 확실하지 않을 때, 가족들을 옆에 붙잡아두는 유감스럽지만 효과적인 방법은 그들에게 꼭 필요한 존재가 되는 것이다. 인에이블러가 가장 두려워하는 일은 자신이 만들어낸 의존성이 약해져서 의존자들이 떠나는 상황이다.

인에이블러와 의존자는 서로의 낮은 자존감에 기반을 둔 관계를 발전시킨다. 이들은 각자 불안정한 위치에서 출발하여 서로의 불안정함을 바탕으로 안정적인 관계를 이어가려 한다. 이런 관계는 암울하고 격정적이고 고통스럽지만, 신기하게도 매우 안정적이다. 당사자 중 어느 한쪽이 자기 자아상을 개선하려고 애쓰기 전까지 말이다. 인에이블러든 의존자든 누가 먼저 그 고리를 끊어내려고 할 때는 깊이 숨어 있던 공포와 불안감이 표면에 드러난다.

관계 당사자 어느 쪽도 상담을 받으려 하지 않을 것이다. 인에이블러와 의존자 관계의 유일한 해결책은 그 관계를 끊어버리는 게 아닐까 염려하기 때문이다. 하지만 헤어지는 것은 대체로 최선의 해결책이 아니다. 저변에 깔린 태도와 불안정성을 해결하지 못한 채 헤어진다면, 그들은 새로운 동반자와도 이전의 동일한 관계를 형성할 가능성이 높아진다. 동반자를 바꾸는 것이 답이라고 생각했다면, 결국 예전과 똑같은 유형의 관계를 이루고 있는 자신을 보며 두 배로 의기소침해지고 혼란스러워질 것이다.

문제는 관계 자체라기보다는 두 사람이 관계를 맺는 방식에 있다. 서로 자기 자신에 대해 알아내려 하고 상호작용하는 방식을 변화시키려는 의지를 가졌다면, 그들의 달라진 반응이 각자의 성장을 촉진해 관계의 역학을 긍정적인 방향으로 변화시킬 수 있다.

현재 상황에서 자기 자신을 행복하게 만드는 것이 가장 소중한 보상이다. 그렇다고 해서 한쪽이나 둘 다에게 더 나은 상황이나 다른 상황이 오기를 바라지 않는다는 말은 아니다. 행복한 상황이 되면 더 낫거나 다른 상황을 만들기 쉽다는 말이다.

인에이블러와 의존자 둘 다 상호 종속성을 끝내고 싶어할 때, 서로의 관계를 개선하겠다는 상호 간의 약속으로 유대감은 더 강해질 수도 있다.

완고한 의존자와 관계를 맺은 인에이블러는 상대가 자신을 보살펴주는 사람으로만 필요로 하며, 자신이 조장 행위를 그만두면 계속 보살핌을 베풀 다른 사람을 찾으리라고 염려할 수 있다. 그런 우려는 한편으로는 옳다. 하지만 더 보람 있는 삶을 위해 노력하는 과정에서 얻은 새로운 자존감으로 상실감을 헤쳐나가야, 동일한 유형의 다른 사람과 예전 같은 상호 종속적 관계를 반복하지 않을 수 있다.

조장 행위의 역학 관계를 이해하려면 인에이블러와 의존자의 관계를 사랑과 보살핌, 공동의 목표를 위한 상호적 노력에 바탕을 둔 관계와 구별하는 능력이 매우 중요하다.

서로 사랑하는 관계인 동반자들은 각자 떨어져서도 살

아갈 수 있다고 굳게 믿는다. 필요해서가 아니라 사랑해서 함께 있기로 선택했기 때문이다. 이들은 오로지 서로를 사랑하기 때문에 서로를 필요로 한다.

무언가 결핍되어 있다는 감정과

홀로 있는 것에 대한 두려움에 바탕을 둔 의존은

전혀 다르다.

사랑하는 관계에서는 동반자들이 서로에게 격려가 되고, 두 사람의 삶을 향상시키려는 공동의 목표를 갖는다. 이렇게 결합한 두 사람은 역동적인 커플을 이룬다. 이와 대조적으로 상호 종속자들은 서로 지지하는 척하면서 그저 각자의 요구를 키울 뿐이다.

이 두 가지 유형의 동반자 관계는 외부 관찰자에게 매우 다르게 보인다. 자녀들은 모두 성장했고, 오랜 세월이 흐른 후 대학으로 돌아가고 싶어 하는 아내의 상황을 예로 들어보자. 만약 지원을 아끼지 않는 남편이라면 아내에게 학업을 해낼 능력이 있다고 말하며 집안일을 함께하겠다고 제안한다. 물론 경제적 지원도 약속한다. 또 아내가 스스로에게 시간을 쓰면서 죄책감을 느끼지 않게 하고, 졸업하면 진심으로 축하해준다.

반대로 요구를 키우는 남편이라면, 학업이 매우 어려워서 아내가 경쟁에서 뒤처질 거라고 걱정한다. 아내에게 이미 감당할 수 없을 만큼 할 일이 많다고 말하며 너무 극심한 스트레스를 받지 않기를 바란다. 아내가 집에서 할 일을 많이 만들어내기 시작하고, 아내가 스스로를 이기적이라고 (그리고 그 나이에 어리석은 행동이라고) 느끼게 만든다.

신생아가 있는 부부를 예로 들어보자. 육아 파트너로서 남편을 지지하고 싶은 아내는 남편에게 아기 우유 먹이는 방법과 기저귀 가는 법을 보여준다. 그리고 자기가 알아낸 아기를 달래는 사소한 방법을 모두 남편에게 가르쳐주고, 아이와 아버지가 단둘이 있는 특별한 시간을 장려한다.

남편과 아이의 의존성을 키우고 싶은 아내는 남편이 아기와 단둘이 있을 시간을 주지 않는다. 그러면서 자신이 남편과 아이에게 없어서는 안 될 존재가 되도록 알고 있는 모든 지식을 밝히지는 않는다. 아이와 남편 사이에 끼어들어서 두 사람이 자신을 중재자로 원하도록 만드는 것이다.

두 가지 예에서 기본적인 원칙은 동일하다. 서로 지지하는 관계의 동반자들은 자존감이 높고 스스로 사랑받을 가치가 있다고 느낀다. 이들은 자기 자신을 흐뭇해하며 배우자도 똑같이 느끼기를 바란다.

반면 스스로 무가치하다고 느끼는 인에이블러와 의존자는 상대의 도움을 받아 초라한 자아상을 개선하려 한다. 그들은 상대를 자기보다 못한 위치에 두고, 이미 초라한 파트너의 자존감을 더 깎아내린다. 그것은 양쪽 모두를 내리막길로 모는 악순환으로 이어진다.

자신이 무가치하다고 느끼는 사람들이 상대방을 끌어들이고 아이와 부모, 친구에게 매달리는 것은 자신을 필요로 하는 위치에 놓으려는 의도인 경우가 종종 있다. 이런 관계에서는 자신을 필요로 하는 상호작용을 변화시키겠다고 생각만 해도 의존자를 잃어버릴 거라는 두려움이 생겨난다. 인에이블러는 자신이 의존자와 맺고 있는 관계가 상호 존중에 바탕을 둔 건전한 관계가 아니라는 사실을 알기 때문에 자기 행위를 변화시키는 걸 주저할 수 있다.

이 세상에는 아내를 몹시 사랑한다고 공언하면서 다이어트를 하는 아내에게 초콜릿을 사다 주는 남편이 많다. 또한 많은 아내가 비만인 남편에게 정성을 다해 특별 요리를 해주고는, 남편이 모든 요리를 다 먹은 다음 자기의 노력에 고마워하는 마음을 보여주지 않으면 상처를 받는다. 일단 밑바탕을 이루는 원칙을 이해한다면 조장하는 행위와 사랑하는 행위를 쉽게 구별할 수 있다. 사랑하는 관계는 사랑하는 사람에게 장기적으로 최선인 일을 하는 데에 기반을 두고 있다. 필요에 의한 관계는 상대를 위해 우려하는 척하지만 실은 자기중심적이다.

종종 남성들보다 더 큰 두려움에 빠지고는 하는 여성들이 있다. 배우자를 잃으면 안정감, 가정, 수입, 지위를 잃을 수도 있다고 생각하기 때문이다. 여성에게는 남성이 필요하다고 믿도록 길들여졌을 수도 있고, 그렇기에 남성이 자신을 필요로 하는 상황을 만들어내기도 한다. 이때 인에이블러인 여성이 조장하는 관계를 사랑하는 관계로 변화시키려 한다면, 감정적 지원과 경제적 보호를 모두 잃을 여성들이 조장 행위의 패턴을 깨뜨리려면 조종을 통해 통제하려 들지 말고 사회가 제공하는 힘을 행사해야 한다. 자신의 상황을 어머니 세대와 똑같다는 듯 여기며 남들을 교묘히 다루는 일은 그만두고, 오늘날의 사회에서는 직접적인 힘을 행사할 가능성이 점점 커지고 있다는 사실을 깨달아야 한다.

변화의 시작점

사람들과 관계하는 방식을 변화시키는 비결은 무의식적으로 조장하는 반응을 억제하는 것이다. 말하기는 쉽지만 실제로 행하기는 매우 어려운데, 사람들에게 늘 반응하던 방식은 성격의 일부이자 자신을 정의하는 자질 중 하나가 되어 있기 때문이다.

좋건 싫건 사람들은 특징적으로 반응하는 방식에 따라 다른 사람들을 분류한다.

"그 여자는 히스테리를 일으킬 거야."

"그 남자는 몹시 화를 낼 거야."

"그 사람은 내게 다시는 말을 안 걸 거야."

"그는 낙담하겠지."

"그 여자가 도와줄 거야."

정 전이'라고 하는데, 어떤 것에 대한 감정을 다른 것으로 옮기는 걸 뜻한다.

감정의 원인에 직접 반응하기가 너무 위험하거나 불편할 때, 그 반응을 다른 사람이나 다른 대상에게로 돌리는 일이 종종 일어난다. 종로에서 뺨 맞고 한강에서 눈 흘기는 것은 너무나 흔한 반응이다. 직장 상사에게 화가 났다는 이유로 집에 돌아와서 개를 걷어차는 남성의 이야기는 너무 진부하지만, 이 개념을 기가 막히게 잘 보여준다. 학대받는 배우자나 아이들은 대부분 감정 전이의 피해자다. 그들을 학대하는 사람은 어린 시절에 자기가 학대를 받으면서 쌓인 분노에 반응하는 것인 경우가 많다. 조장 행위는 전이된 반응의 목록에 포함되는데, 자기 욕구를 다른 사람에게 전이하는 것이다.

고통스럽거나 불편한 감정에 대한 또 한 가지 중요한 반응은 부정하는 것이다. 인에이블러도 이 기법을 사용한다. 의존자의 요구는 세심하게 배려하면서 자신의 요구는 부정하거나, 심지어 자신에게는 아무런 욕구도 없다고 문자 그대로 주장하고 믿는다.

사회적으로 불편하고 부적절한 감정의 좋은 실례로 자식이 부모에 대해 품는 감정을 들 수 있다. 부모에 대해 분개한 적이 있음을 부정하는 자식들이 많다. 부모에게 분개한다면 배은망덕하다 여겨지고 사회적으로 비난을 받는다. 하지만 실제 잘못 때문이든 상상의 잘못 때문이든 언젠가 자기 부모에게 분개한 적이 없다면 인간적이지 않은 사람일 것이다. 그 감정을 인정하지 않으려 할 수도 있고 그것이 사실이 아니라고 믿게 될 수도 있다. 하지만 부정이 그 사람의 멱살을 잡는다.

감정에 부정의 기미가 조금이라도 있는지를 추적 관찰하는 것이 중요한 이유는 현실의 부정이 개인의 성장을 가로막기 때문이다. 어린 시절의 정상적인 분노를 받아들이면 자유롭게 자기 부모를 현실적으로 바라볼 수 있고, 부모를 있는 그대로 수용하고 사랑하여 더 나은 관계를 위한 길을 열게 된다.

잘못 전이된 감정의 가장 무서운 부산물은 감정을 수용할 수 없는 행위, 종종 불법적인 행위의 원인이자 핑곗거리로 이용하는 것이다. 감정에 휩쓸렸다고 주장하면서 온갖 잔혹한 행위를 정당화하는 사람들이 있다.

아들의 뺨을 때리면서 "미안하지만 너 때문에 화가 났거든"이라는 말로 정당화하는 부모는 곤경에서 빠져나갈 수 없다. 물론 분노가 구타의 원인일 수 있지만, 분노를 느끼는 것과 아이를 때리는 것은 별개의 문제다. 분노는 감정이고 구타는 반응이다. 분노를 억제하지 못할 수는 있어도 구타로 반응할 필요는 없다. 반응은 선택하는 것이다.

의지를 가지고 시간과 노력을 들여 연습한다면 부정적인 반응을 긍정적인 반응으로 대체할 수 있다. 직장에서 스트레스를 받아 기분이 나쁜 남성은 강아지를 걷어차는 대신 동네를 조깅하며 분노를 식힐 수 있다. 자식 때문에 화가 났다면 아이를 자기 방으로 보낸 후 차를 한 잔 마시며 화가 난 마음을 가라앉힐 수 있다.

인에이블러도 더 적절한 반응 수단을 개발할 수 있다. 자신을 정직하게 바라보고 조장 행위의 근원인 자기 감정을 받아들인다면 무의식적인 반응에 휘둘리지 않을 수 있다. 적절한 반응은 자신의 선택과 결정에 달려 있을 뿐이다.

다음으로는 반응에 관해 이야기해보자. 지금까지는 실제로 무너뜨릴 수 없는 감정의 본성을 암울하게 설명해왔다. 하지만 다행히도 인간은 감정이라는 요소 외에 생각하는 요소를 가지고 태어났다. 누구에게나 이성을 통해 추론하는 능력이 있고, 감정보다는 마음의 지도와 지휘를 받으며 선택할 수 있다. 인간은 사려 깊게 의지를 갖고 반응을 통제할 수 있다. 일련의 행동을 계획하고 자기 반응을 미리 연습해서 준비를 갖출 수도 있다. 반응하는 방식을 바꾸기 시작하면 인생에서 가장 어려운 시험대에 오르게 되지만, 그럼에도 불구하고 불가능한 일은 아니다. 이미 이루어낸 사람들도 있다.

이 책의 앞부분을 주의 깊게 읽은 후 자신이 인에이블러임을 이해했고 조장 행위를 그만하겠다고 의도적으로 약속했다면, 이제는 자기 반응을 조절하는 활동에 나설 필요가 있다. 하찮은 행동이라도 그 행동 방식을 바꾸면 감정을 느끼는 방식도 영향을 받는다. 반응을 변화시킴으로써 거둬들일 수 있는 한 가지 보상은 새롭고 다른 감정이 발전하기 시작한다는 것이다. 다음 두 가지 연구 결과는 이 점을 잘 보여준다.

스키드모어대학교의 사라 스노드그라스 박사는 걷는 방식이 사람의 기분에 미치는 영향을 연구했다. 실험 대상 일부에게는 걸을 때 의도적으로 큰 보폭으로 걸으라 지시했고, 두 번째 그룹은 자연스러운 보폭으로 걷도록 했다. 세 번째 그룹에게는 땅을 내려다보고 발을 질질 끌며 걸으라고 지시했다.

결과적으로 처음 두 그룹은 기분이 달라지지 않았지만, 발을 끌며 걸은 실험자들은 걷는 동안 피로와 우울함을 느꼈다고 보고했다. 스노드그라스 박사의 연구 결과는 이전 연구 결과와 일치했는데, 어떤 기분을 느끼는 듯한 모습을 갖추면 그 기분과 관련된 생각과 감정을 일어나 실제 기분에 영향을 미칠 수 있다는 것이다. 가령 슬픈 표정을 지으면 슬픈 감정을 일으킬 수 있고, 분개한 듯이 행동하면 분노를 키울 수 있는 것처럼 말이다.

물론 사람이 감정을 느끼는 방식은 여러 요인에 의해 달라진다. 단순히 행동을 바꾼다고 해서 모든 것이 해결되지는 않지만, 일부 해결될 수는 있다. 행동심리학자들에 따르면 행동이 달라지면 인식과 신념에 영향을 미치게 되고, 바뀐 인식과 신념은 기분이나 자아상, 감정을 조절하는 강력한 조건이 된다. 상담을 받으면 지침과 통찰을 얻을 수 있지만, 자신의 행동을 추적 관찰하려고 노력하면 능동적인 행동을 추구하며 무기력한 기분을 떨쳐버릴 수 있다.

알래스카대학교의 다비 프린스와 피터 다우릭은 경증부터 중증까지 우울증을 앓는 여성 서른두 명을 인터뷰하며 영상을 녹화했다. 이 여성들 중 열여섯 명의 영상을 골라 이들이 웃고 있거나 활기찬 장면만 남도록 편집했다. 슬프고 우울해 보이는 행동은 모두 삭제되었다. 그런 후 이들에게 웃으면서 활기차게 몸짓하는 자신의 편집된 모습을 보여주었다. 2주 뒤 확인해본 결과, 편집되지 않은 인터뷰 영상을 본 사람들보다 자신의 행복한 모습을 본 사람들의 우울증이 감소한 모습이 관찰되었다.

신체적 행동 패턴이나 습관을 바꾸면 감정을 느끼는 다른 방식을 알게 되고, 그 감정에 다르게 반응할 수 있으며, 이것이 감정을 느끼는 또 다른 방식을 찾아내게 만들면서 계속 나아갈 수 있다.

상황에 반응하는 방식을 자기가 직접 선택하면 엄청난 통제력을 손에 넣게 되는 것과 마찬가지다. 사람의 행동은 관계 역학의 일부이기 때문에 행동을 긍정적인 방식으로 바꾸면 그 사람이 맺는 관계 역시 개선될 수밖에 없다.

뉴욕에 위치한 합리적 감정 치료 연구소를 설립한 심리학자 앨버트 엘리스는 도움을 청하는 수많은 사람의 자기 향상을 위해 노력하면서도, 실제로는 그것을 방해하는 이유를 알아내려 노력했다. 그들이 실패하는 원인을 긴 목록으로 작성한 후에 그는 많은 사람이 더 큰 도움이 될 장기적인 계획을 고수하기보다는 단기적인 목표를 선택한다는 결론을 내렸다. 예를 들어 계속 버스를 놓치는 아들을 학교에 태워다주는 부모는 오늘 아이를 학교에 보내려는 단기적 목표를 달성하기 위해 장기적인 해결책을 포기하는 것이다.

어떤 감정에 즉각적으로 반응하면서 그 반응이 어떤 결과를 초래할지 생각하지 않는다면 결국에는 반응을 유익하게 통제하지 못한다. 인에이블러들은 자신의 감정과 반응을 분리하는 것에 목표를 두어야 한다.

자신의 감정을 부정하는 것이 아니라

그 감정이 초래할 상황을 통제하는 것이다.

다르게 산다는 것

자아실현을 이루어온 삶에서 오는 기쁨을 경험하지 못한 사람들에게 숭고한 비극적 드라마는 살아 있다는 느낌을 주기도 한다. 예기치 않은 혼란으로 아드레날린이 급격히 분비되면 다소 전율을 느낄 수도 있다. 그런 상황은 마모된 감각을 활성화하고 그 일이 일어나지 않았더라면 지루했을 일상에 돌연 의미를 부여한다.

가정에 골치 아픈 문제가 생기면 인에이블러는 행동에 착수할 기회를 얻는다. 문제의 발생은 그들이 해야 할 일이 더 많아지고 더 많은 책임을 져야 한다는 의미다. 문제가 발생하면 가족 간에 마음을 상하게 하는 대화가 오갈 수 있기에 인에이블러는 가족 한 명 한 명과 더 개별적으로 접촉한다. 여기서 중요한 것은, 머리 아픈 문제로 인해 인에이블러가 느끼는 유능함과 자부심이 더욱 고양된다는 것이다. 속으로 혼란과 두려움과 분노를 느낄지 몰라도 그들은 흥미진진한 시간을 보낸다.

의존자는 참담한 상태에서 허우적거리며 이해받지 못하고 있다는 그 나름의 신비로운 역할을 유지한다. 우울함을 감싸는, 실현되지 못한 갈망에서 오는 비애는 씁쓸하면서도 달콤한 기쁨을 줄 수 있기에 의존자는 주저하면서도 그 기쁨에 빠져든다.

인에이블러와 의존자 모두 자신들의 비극적 드라마를 지나치게 즐기다 보면 그 역할을 포기하지 못할 수도 있다. 혹은 그보다 더 나쁜 것, 즉 권태나 자기가 좋아하는 사람의 무관심을 두려워할 수도 있다. 인에이블러가 지나치게 극적인 인생의 각본을 버리고 더 개인적인 성취감을 주는 요소를 택하지 않는 한, 다른 사람을 구제하면서 시간을 보내고 싶은 유혹에 저항하기는 어려울 것이다.

오랜 습관을 버리는 것은 낡은 슬리퍼를 버리는 것과 같다. 더 좋은 새 슬리퍼가 있으면 옛것을 버리기는 더 쉽다. 하지만 맨발로 지내는 것밖에 대안이 없다면 대개 사책감을 느끼거나 겁먹는 일이 없도록 해야 한다. 자기 자신에게 더 많은 시간을 할애하고 의존자에게 쓰는 시간을 줄이기 시작하면, 의존자는 요구 사항을 늘리고 인에이블러가 자신을 등한시함으로써 겪게 된 불편을 과장해서 불평할 수 있다. 의존자는 자기 비위를 맞춰주는 사람에게 익숙하므로 인에이블러가 시도하려는 계획이나 과제를 방해하여 자기 위치를 유지하려고 애쓸 수도 있다.

가족 밖에서 친구를 사귀는 것도 개인의 정체성을 세우는 데 도움이 된다. 친구들은 인에이블러의 개인적 성장을 지지할 뿐 아니라, 어떤 관계가 무너지든 외부의 원조를 끌어낼 수 있음을 인식하게 만들며 위안을 얻게 해준다. 친구들이 두려움을 희석시켜주는 것이다. 외부 활동과 관심사가 증가하면 자존감도 커지기 마련이다.

스스로 하고 있는 일이

모두에게 최선이라는 믿음을 확고하게 가지고

불평에는 귀를 닫아버려야 한다.

현실적인 기대와 실제 가능성에 바탕을 둔 새로운 인생을 시작하자면 너무 압도적인 시도가 아닐까 싶어 두려울 수도 있지만 반드시 그렇지는 않다. 태도와 행동의 작은 변화가 큰 차이를 만드는 것이다. 다른 사람을 조장하는 행위를 그만두기 위해 필요한 걸음을 내딛겠다고 선택한 사람은 분명 더 행복하고 만족스러운 삶을 발견할 것이다. 스스로를 변화시키려면 이렇게 시작해보자.

1. 자신의 조장 행위를 인식하자.
2. 그 조장 행위의 근원을 이해하자.
3. 변화를 약속하자.
4. 변화로 야기된 두려움을 직시하자.
5. 자신과 타인에게서 오로지 정직성만 받아들이자.
6. 타인의 욕구에 적절히 반응하는 법을 배우자.
7. 자신의 고유한 재능과 관심사에 바탕을 둔 개인적 정체성을 발달시키자.

자신의 조장 행위를 막기 위해서는

려둔 이후로 나는 그들이 얼마나 재간이 많고 문제에 탄력적으로 반응하는지를 보고 무척 놀랐다.

배우자, 자녀, 부모, 친구들에게 육신의 장애와 같은 지속적인 문제가 있을 때는 가급적 신속히 그들이 자신의 상황을 받아들이는 법을 배우도록 내버려두는 것이 오히려 중요하다. 그래야 그들이 자기 인생을 더욱 충실하게 살아갈 가능성이 높아진다.

인에이블러는 의존자와의 관계 안에서 자기 의무와 책임을 재평가하는 것으로 관계의 구조를 변화시킬 수 있다. 그러고 나서 자신이 떠맡았던 책임과 의무를 적법한 주인에게 되돌려주고, 온전히 자기 것인 책임과 의무만을 맡아야 한다. 인에이블러는 다른 사람을 이끌어가는 일을 그만두고 그들 옆에서 걷기 시작하며 시험대에 오른다.

조장 행위를 타파하는 일은 사랑의 진정한 시험대가 된다. 사랑은 우선 가정에서 시작된다. 내가 말하는 가정이란 따뜻한 난롯불이 상징하는 평온하고 온화한 가정이 아니라 마음의 가정이다.

당신이 다른 사람들에 대해 품는 사랑은

자신에 대한 사랑과 정비례한다.

다른 사람을 사랑하는 능력은 자기를 사랑하는 능력에 기반하기 때문에, 사랑하는 사람들을 돕기 위한 중심축은 자신을 보살피고 자기 성장을 도모하며 스스로 재능을 계발하는 것이다.

변화를 위해 자신이 할 수 있는 일이 있음을 알고 그것을 믿으면 새로운 가능성의 희망이 다가온다. 그리고 자기 자신과 자신을 둘러싼 생활 환경에서 어떤 부분은 변화할 수 없다는 사실을 받아들이면, 거기에 맞서려는 고통의 몸부림을 그만두고 스스로 용인하게 된다.

우리는 완벽할 필요도 없고,

초인적 영웅이 될 필요도 없다.

누구나 잘못을 저지르기 쉽다. 그래서 우리에게는 성장해나갈 방향이 주어지는 것이다. 이미 모든 것을 안다면 무엇을 배울 수 있겠는가? 어떻게 완벽함을 가꾸어갈 수 있겠는가? 당신이 인에이블러라면 다른 사람들에게서 이 만 손을 떼고, 자신만의 삶을 꾸려 나가야 한다.

실전 가이드

인에이블러에서 벗어나기 위한
단계별 훈련

1

정직하게 말하려면

이 훈련의 목적은 상대를 이기는 것이 아니라 소통을 이루는 것임을 꼭 기억하자.

1. 불화를 겪은 친구와 가족을 열거해보자. 감당 못할 정도로 많이 쓰지 말고 두세 명 정도만.

2. 불화를 해소하기 위해 어떤 행동과 말을 해야 할지 고민해보고 결정한 뒤 글로 적어보자. 미리 연습을 해보는 것도 좋다. 누군가에게 말할 때는 원래 의도에서 벗어나기 쉬우니까.

3. 이 사람들에게 당신을 이해시키고 당신 역시 그들을 이

해하겠다는 정직한 의도 외에는 생각하지 말자. 당신이 마음의 준비가 되고 편할 때, 한 번에 한 사람에게 오해를 바로잡고 싶다고 말하자.

4. 그들이 어떤 말을 하든 귀담아들을 준비를 하자. 마음을 터놓고 경청해야 한다. 그들의 관점에 당신이 고려해야 할 중요한 진실이 있을 수 있다.

5. 다시는 당신의 의사를 잘못 전하지 않도록 의식적으로 노력하자. 누군가 당신의 언행에서 그릇된 인상을 받았다 싶으면 재빨리 정정하자.

2

나 자신을 알려면

1. 좋든 나쁘든 나를 잘 묘사한다고 생각하는 자질을 모두 열거하자. 다른 사람의 말이 아니라, 당신 마음속에서 진실이라고 믿는 자질이어야 한다. 긴 목록이 될 수도 있다.

> **예시**
>
> • 여성
>
> • 완벽주의자
>
> • 알코올중독자의 자녀
>
> • 책 읽기를 좋아한다
>
> • 모두 나를 좋아하기를 바란다
>
> • 근시

- 손재주가 있다

- 키가 크다

추가로 생각날 때마다 목록에 덧붙인다.

2. 바꿀 수는 있지만 바꾸고 싶지 않은 항목 옆에 '+' 표시를 하자. 이는 특징이거나 아니면 그런 특징을 가지고 있는 게 그저 좋기 때문에 바꾸고 싶지 않은 항목들이다. 이런 특성은 장점이니 뿌듯하게 생각해도 좋다.

3. 목록을 보면서 가령 '키가 크다'처럼 노력으로 바꿀 수 없는 항목에 '*' 표시를 한다. 그러고 나서 한 번에 한 항목씩 선택해가며, 바꿀 수 없는 이런 자질을 가지고 있어도 괜찮다고 받아들이기 시작해보자. 지나치게 위협적이지 않은 항목부터 시작하면서 내 모습이 이렇더라도 받아들일 수 있다고 매일 여러 번 자신에게 말하자. 스스로 완벽하기를 기대하거나 자기 인생이 언제나 이상적인 상황일 거라 믿는 것은 현실적이지 못하다고 스

스로 되새기자. 나와 내 삶에 만족하기 위해 있는 그대로의 모습을 기꺼이 받아들여야 한다.

4. 표시를 하지 않은 항목, 즉 바꿀 수 있는 특징들을 새 목록으로 작성하고, 이후 훈련에서도 사용하도록 하자.

스스로를 변화시키려면

1. 실전 가이드 두 번째 단계의 네 번째 항목에서 만든 목록을 검토하자. 그 목록은 바꿀 가능성이 있다고 인정한 특징을 나열한 것이다.

2. 특징 가운데 무엇을 바꾸고 싶은지 결정하고, 왜 바꾸고 싶은지 생각해보자.

3. 목록에서 가장 변화시키기 쉬워 보이는 항목을 하나 고르고, 그것을 바꾸겠다고 마음을 먹자. 그 변화를 어떻게 이룰 것인지에 대해서는 걱정하지 말고, 다만 약속을 하자.

4. 당신이 신뢰하는 사람에게 이 약속에 대해 말하자. 혼자 마음속으로 약속하기만 하면 된다고 생각할 수 있겠지만, 연구 결과에 따르면 자기 목표를 다른 사람들에게 알려주는 사람의 목표 성공 확률이 더 높다. 사회적 압력을 받으면 사람은 자기 자신을 정직하게 대하는 경향이 있다.

5. 목표를 향해 전진할 수 있게 도와줄 방식 세 가지를 나열해보자. 현실적으로 생각해야 한다. 예를 들어 매일 저녁 식사 후 아들에게 숙제하라고 독촉하는 습관을 끊을 수 없다면 이런 방법이 있다.

   첫째, 저녁 식사가 끝나면 산책을 하러 집을 나선다.
   둘째, 좋아하는 일거리를 찾아 어느 방에서건 아들이 없는 곳에서 그 일을 한다.
   셋째, 그 시간대에 친구에게 전화해서 수다를 떤다.

4

두려움에 도전하려면

어려운 상황이 닥쳤을 때 무의식적으로 조장 행위를 취하는 사람들은 자신이 그런 행동을 취하지 않을 때 일어날지도 모를 일이 두려워서 계속 그렇게 행동한다. 조장 행위를 그만두고 싶다면, 먼저 이 두려움을 타파해야 한다.

두려움을 극복하는 가장 좋은 방법은 두려움을 철저히 이해해서 그 위협적인 힘을 없애버리는 것이다. 새로운 접근법을 시도하기 위한 다음 훈련을 해보자. 먼저 조장 행위와 관련된 두려움 가운데 비교적 무해한 것을 선택하자. 그리고 이렇게 해보자.

1. 두려움을 분석하자. 일반화하지 말고 구체적으로 명시할 것. 예를 들어 아들이 늘 학교 버스를 놓친다고 해보

자. 당신은 아들이 결석하도록 내버려두기가 겁난다. 그래서 직접 아이를 깨워 옷을 입히고 밥을 먹인 후 차에 태워서 학교에 데려다준다. 이 일을 몇 달이고 지속한다. 왜 그러는 것일까? 정확히 무엇이 두려워서 그 일을 그만두지 않는 것일까? 당신이 아들의 감시인 역할을 그만두면 어떤 일이 일어날까 걱정하는지 수첩에 재빨리 열거하자. 당신이 느끼는 두려움의 근원이라고 생각하는 것을 모두 포함해야 한다.

예시

- 아이가 학교 수업을 못 따라가서 한 학년을 유급할 것이다.
- 그것이 빌미가 되어 학교를 중퇴할 것이다.
- 그러고는 약물을 사용하는 아이들과 어울릴 것이다.
- 아이가 교직원들과 문제를 일으킬 것이다.
- 아이는 게을러서 내가 밀어붙이지 않으면 결국 어떻게 될지 누구도 알 수 없다.

2. 그 두려움은 정당한가? 각 항목을 사려 깊게 생각해보

고 면밀히 검토하자. 두려움의 실제 근원이 무엇인지 알아내도록 노력해보자. 현실적으로 일어날 법한 일인가? 아니면 그저 습관적인 생각이거나 현재 받고 있는 스트레스 때문에 불현듯 떠오르는 생각인가? 일어날 가능성이 없는 일들은 모두 지워버리자(예를 들어 아이가 지금 마약을 하고 있지 않다면, 집에 머문다고 해서 마약을 시작할 가능성은 희박하다). 그러면 두려움의 현실적 원인과 당신이 조장 행위를 그만두었을 때 실제로 얻게 될 가능성이 있는 결과를 적은 목록이 남는다.

3. 목록에 남은 항목 중에서 당신이 다른 사람의 책임을 짊어지도록 가장 강하게 유도하는 두려움 한 가지를 골라서 그것에 집중해보자.

   계속 예를 들어보겠다. 아이가 늘 늦게 일어나기 때문에 당신은 습관적으로 학교까지 태워다준다. 아이는 당신이 그렇게 하리라는 것을 알고 있다. 당신은 운전기사 노릇을 하기 싫지만, 그보다 더 걱정하는 것은 아이가 교직원들과 불화를 일으킬 가능성이라고 결정지었다.

4. 이 걱정을 보면서, 만약 당신이 대응하는 방식을 바꾼다면 일어날 수 있는 온갖 참사를 상상해보자. 참사의 목록을 만드는 것이다.

예를 들면, 내가 학교에 불려가서 아이가 왜 결석을 했는지, 왜 1교시 수업에 항상 빠지는지를 설명해야 한다. 그러면 어떻게 될까?

곤혹스럽게도 아이의 무책임함과 내가 그 무책임함에 대해 아무것도 하지 않으려는 이유를 설명해야 할 것이다. 그러면 어떻게 될까?

아이가 계속 결석한다면 학교에서 무단결석 학생 조사관을 보낼 거라는 경고를 받게 될 것이다. 그러면 어떻게 될까?

5. 당신의 두려움을 깊이 직시할 수 있도록 이 목록을 필요한 만큼 계속 밀고 나가자. 무시무시한 가능성을 한걸음씩 더 멀리 밀고 가면서 "그러면 어떻게 될까?"라고 자신에게 계속 물어보자. 이어서 생각해보자.

학교에서 무단결석 학생 조사관을 보내 아이를 데려갈

것이다. 나는 톡톡히 창피당한 느낌이 들 테고, 아이도 마찬가지일 것이다. 그러면 어떻게 될까? 어쩌면 아이가 혼자 버스를 타기 시작할지도 모른다.

당신은 조장 행위를 지속하지 않겠다고 거부할 때 창피하거나 떳떳하지 못하다고 느낄 수도 있다. 사실이다. 하지만 버스를 놓치는 사람은 당신이 아니라는 사실을 기억하자.

당신의 의도가 진지하다는 것을 알게 되면 의존자들은 스스로를 보살피기 시작할 가능성이 크다. 또 당신은 대리인 역할을 거부하더라도 하늘이 무너지지 않는다는 사실을 깨닫게 될 것이다. 각각의 두려움을 분석해서 끝까지 따져보면, 당신은 두려움과 무관하게 현명한 결정을 내리는 데 충분한 정보를 얻을 수 있다.

6. 당신과 당신의 의존자에게 장기적으로 최선의 결과가 무엇인지 선택하자. 지금까지 보아온 예시에서 명백한 장기적 목표는 아이가 제시간에 일어나서 직접 등교하는 것이었다. 하지만 거기에는 더 많은 요소가 포함된다.

조장하는 부모는 자신을 위한 돌파구를 찾는다는 믿음을 가지고 상황에 접근해야 한다. 당신이 어떤 조장 상황에 빠져 있든 간에, 당신의 조장 행위 때문에 의존자와 마찬가지로 당신도 불이익을 받게 된다는 사실을 항상 기억해야 한다. 두 사람 모두에게 최선의 결과를 가져오는 방법을 선택하자.

마지막으로, 이런 문제가 인에이블러 때문에 일어나거나 촉진되는 것이 아닌 경우도 있다. 만약 아이가 약물에 빠져 있거나 신체적 질병 혹은 선천적 우울증에 시달리고 있다면, 당신은 부모로서 가족과 학교와 공동체의 지원을 받으며 상황에 개입해서 아이에게 필요한 도움을 줄 의무가 있다.

5

적절히 반응하려면

1. 조장 행위가 해를 끼치는 상황을 생각해보자. 수시로 수업을 빼먹는 아들의 잘못을 덮어주려고 학교에 전화하거나 두 살배기 아기가 떼를 쓸 때 아이의 요구에 굴복하는 것을 예로 들 수 있다.

2. 상황을 살펴보고 장기적으로 최선의 해결책이 무엇인지 결정하자. 위의 상황에서라면 아들이 수업을 빼먹지 않고, 아기가 떼쓰기를 멈추는 것이다.

3. 장기적인 목표를 달성할 수 있도록 자신의 행동을 변화시킬 전략을 세우자. 부모가 잘못을 덮어주지 않는 아이들을 학교에서 처벌하듯이, 당신의 아들도 학교에서 처

벌하도록 내버려둘 수 있다. 또 아기가 떼를 쓰는 동안 그 요구에 굴복하지 않고 버틸 수 있도록 당신이 좋아하는 음악을 듣거나 흥미진진한 책을 읽을 수도 있다.

4. 장기적 목적을 달성할 수 있는 일만 시작하도록 자신의 반응을 매일매일 추적 관찰하자. 변화는 하룻밤 사이에 일어나지 않는다. 변화가 습관이 될 때까지 훈련하자. 중요한 것은 일관성이다.

감사의 글

⋮

『인에이블러』가 세상에 나올 수 있도록 도와준 위트마크 출판사 관계자분들께 감사하는 마음을 전하고 싶다. 또한 1988년에 초판본을 출판하며 신뢰를 보여준 헌터하우스의 키란 라나와 1990년에 이 글을 가치 있고 유용한 책으로 판단하여 대량 판매용 책으로 출간해준 발렌타인북스의 편집장 셰릴 우드러프에게도 심심한 감사를 표한다.

옮긴이 **이미애**

현대 영국 소설 전공으로 서울대학교 영문학과에서 박사 학위를 받았고, 동 대학교에서 강사와 연구원으로 활동했다. 조지프 콘래드, 존 파울즈, 제인 오스틴, 카리브 지역의 영어권 작가들에 대한 논문을 썼다. 옮긴 책으로는 버지니아 울프의 『자기만의 방』『등대로』, 제인 오스틴의 『엠마』『설득』, 조지 엘리엇의 『아담 비드』, J.R.R. 톨킨의 『호빗』『톨킨의 그림들』『위험천만 왕국 이야기』『반지의 제왕』(공역), 토머스 모어의 서한집 『영원과 하루』, 리처드 앨틱의 『빅토리아 시대의 사람들과 사상』 등이 있다.

인에이블러 사랑한다면서 망치는 사람

펴낸날 초판 1쇄 2020년 1월 2일
    신판 1쇄 2024년 12월 8일
지은이 앤절린 밀러
옮긴이 이미애
펴낸이 이주애, 홍영완
편집장 최혜리
편집1팀 김혜원, 김하영, 최서영
편집 박효주, 강민우, 한수정, 홍은비, 안형욱, 이은일, 송현근, 이소연
디자인 김주연, 기조숙, 윤소정, 박정원, 박소현
홍보마케팅 김준영, 김태윤, 김민준, 백지혜
콘텐츠 양혜영, 이태은, 조유진
해외기획 정미현, 정수림
경영지원 박소현
펴낸곳 (주)윌북 출판등록 제2006-000017호
주소 10881 경기도 파주시 광인사길 217
홈페이지 willbookspub.com 전화 031-955-3777 팩스 031-955-3778
블로그 blog.naver.com/willbooks 포스트 post.naver.com/willbooks
트위터 @onwillbooks 인스타그램 @willbooks_pub
ISBN 979-11-5581-771-1 (03180)